高等院校“十三五”规划教材
“互联网＋”融媒体系列教材

U0958163

成本会计实训

孙蕾蕾 殷丽媛／主编
孔令一／副主编

立信会计出版社
LIXIN ACCOUNTING PUBLISHING HOUSE

图书在版编目(CIP)数据

成本会计实训 / 孙蕾蕾，殷丽媛主编. —上海：立信会计出版社，2020.1(2021.5 重印)
ISBN 978-7-5429-6382-6

Ⅰ. ①成… Ⅱ. ①孙… ②殷… Ⅲ. ①成本会计—高等学校—教材 Ⅳ. ①F234.2

中国版本图书馆 CIP 数据核字(2019)第 299258 号

策划编辑　郭　光
责任编辑　郭　光
封面设计　南房间

成本会计实训

Chengben Kuaiji Shixun

出版发行	立信会计出版社		
地　　址	上海市中山西路 2230 号	邮政编码	200235
电　　话	(021)64411389	传　　真	(021)64411325
网　　址	www.lixinaph.com	电子邮箱	lixinaph2019@126.com
网上书店	http://lixin.jd.com		http://lxkjcbs.tmall.com
经　　销	各地新华书店		

印　　刷	上海万卷印刷股份有限公司		
开　　本	787 毫米×1092 毫米	1/16	
印　　张	22.75		
字　　数	312 千字		
版　　次	2020 年 1 月第 1 版		
印　　次	2021 年 5 月第 3 次		
印　　数	4 201—7 300		
书　　号	ISBN 978-7-5429-6382-6/F		
定　　价	49.00 元		

前　言

成本会计是企业管理的一个重要组成部分，它根据会计学的基本原理和制度设计，采用一定的方法对生产成本和费用进行核算和管理。通过学习成本会计实训，学生应了解和掌握成本会计核算程序、账务处理和相关的计算方法，了解和认识成本会计岗位的职责、相关业务原始凭证的传递程序和路径，能将有关成本费用的经济业务进行账务处理及分析，为今后步入工作岗位打下坚实的基础。

根据高等院校财经类专业对成本会计实践教学的需要，我们根据多年从事成本核算、会计理论、会计实践教学的经验，取材于各种类型的制造企业真实业务，通过对大量真实的原始资料进行整理、补充后编写此书。本书分为三个独立的成本核算实训，分别以山东意德橡胶制品有限公司、建丰糕点厂、山东珠顺内衣有限公司为目标企业，通过模拟2020年12月份企业的成本相关经济业务，高度还原了企业成本核算全过程。

本书具有以下特点：

1. 实训重点突出。本书创新性地设计三个独立的制造企业成本核算综合实训，分别涉及我国制造企业广泛运用的三种成本核算方法：品种法、分批法和分步法。综合性的特点，使每一个独立实训都全面涉及“要素费用的核算”“辅助生产成本的核算”“制造费用的核算”“完工产品成本核算”等成本会计的核心内容。学生通过一个成本方法的综合仿真实训，即可将成本会计的其他成本实训同时练习，而每个方法的综合实训又与实践的成本核算过程一致。

2. 实训目的明确。本书本着够用、实用、适用的原则，仅针对成本会计的内容进行核算实训，在账簿的设置上，仅涉及成本会计课程相关的成本费用类明细账和部分存货明细账。学生能够有目的地针对成本会计实训练习，既节省了时间又达到专业化训练的目的。

3. 独立实训实用性强。三个成本核算综合实训各自是独立的，教师可以根据学校、专业及学生情况，选择多项实训也可选择单独实训，从而调控实训强度。现行教材中有些练习成本会计核算综合方法的，大多取其中最复杂的分步法进行核算，整篇教材使用一个企业分步法的成本核算流程，内容涉及广泛，企业经济业务笔数较多。对于学生水平程度不高的职业类层次高校来说，适用性并不强，而对一些实验课时不多的普通高校来说，课时又不够。本书的三个独立实验模块，经济业务量适中。教师和学生在实验过程中可以任意组合选择(可选 16、16、24 学时，或更多组合搭配)。对于课时较多的院校来说，可以选择三个方法实训，对于课时较少的院校来说，可以选择其中一个方法来完成实训。

4. 配备充分的教师教学资源。本书为教师提供分阶段参考答案和有针对性的疑难解答，提高教学效果。

5. 配备专用的凭证和账簿，便于学生练习和交作业以及教师批改。

6. 采用最新税率。本书所使用税率日期截至 2020 年 12 月。

本书由孙蕾蕾、殷丽媛担任主编，孔令一担任副主编，朱淑梅、郝玉娟、滕萍萍、赵若辰、姚禹齐等均参与了编写。由于作者水平有限，本书内容难免有疏漏之处，恳请读者提出宝贵意见，以便我们进一步修订和完善，本书配备的教师资源，授课教师可联系立信会计出版社郭光编辑索取，QQ 号码:360090452。

编　　者

2021.1

目　　录

第一篇　实训的要求、组织和程序

成本会计实训应与成本会计理论课程开设在同一个学期，是对成本会计理论课程学习的必要补充，成本会计实训涉及《成本会计》《中级财务会计》等学科的知识，侧重于成本方面的内容核算实务。本书通过独立地核算三个不同类型制造企业的产品成本，分别应用成本核算的三种基本方法：品种法、分批法、分步法，对其产品成本核算进行实训模拟。

一、实训要求

(1) 学生在实训中能够运用所学的成本会计基本理论和知识，通过对成本费用的归集、分配，计算产品成本，掌握成本核算方法和实践技能，形成成本会计思维，进而掌握成本核算账务处理能力。

(2) 在实训过程中，学生应当按时出勤。出勤率应作为一项重要的考核内容，在出勤期间独立完成规定的任务，保证实训进度的规范性。

(3) 实训需要准备铅笔、橡皮、黑色及红色碳素笔、尺子、小刀、胶水、夹子等文具。

(4) 实训书写数字要求，数字排列有序，且数字要紧靠底部，具有一定的倾斜度，占格子的 1/2 或 1/3 为宜，以便于订正错误。

(5) 在填写记账凭证和登记账簿时，书写整理、规范，出现错误严禁“挖、刮、涂、补”，应采用正确的方法改正，必要时应重新更换。

二、实训组织

(1) 实训可根据各学校培养计划的要求，灵活地选择一个或几个实训项目进行模拟。其中品种法估计需要 16 个学时，分批法估计需要 16 个学时，分步法估计需要 24 个学时。

(2) 应配备专职实训指导教师，教师可以对实训中较为重要和有难度的部分加以讲解，并监督和指导实训全过程。最终由教师根据学生完成实训的质量和表现给出分值。

(3) 实训可以采用个人或者分组形式完成。建议让每位学生独立完成成本核算的流程，也可根据课时情况，分 2～4 人一组完成实训。

三、实训程序

(1) 选择实训企业和成本核算方法，了解企业的概况、经济类型和生产特点、核算制度等内容。

(2) 根据核算资料，对开设的“基本生产成本”“辅助生产成本”“制造费用”“管理费用”“销售费用”“财务费用”等明细账进行设计和掌握，并建账，填写“基本生产成本”期初余额，在摘要栏写明“期初余额”。为了使成本会计核算流程清晰、明了，在三个制造企业的账簿设计中，均只涉及了以上明细账，其他明细账、日记账、总账省略。

（3）根据实训提供的2020年12月份所发生的经济业务，整理和填制有关原始凭证，编制记账凭证，按照付款凭证、收款凭证（不涉及）、转账凭证分类编制，并将原始凭证附于记账凭证之后，同时填写附件张数。

（4）根据付款凭证、转账凭证登记“基本生产成本”“辅助生产成本”“制造费用”“管理费用”“销售费用”“财务费用”等明细账。登记明细账严格按照登账要求，如有错误登记，须采用划线更正、红字更正或补充登记法进行更正，不能直接涂改。

（5）按照要求，归集各制造企业的“辅助生产成本”科目发生的费用，并进行辅助生产费用分配。

（6）按照要求，归集各制造企业的“制造费用”科目发生的费用，并进行制造费用分配。

（7）按照要求，核算各制造企业的产品品种、批别、步骤发生的成本。

（8）编制成本报表。

第二篇　品种法的核算

一、企业经济类型及生产特点

山东意德橡胶有限公司是山东省临水市一家生产自行车内胎的企业，位于河西区六曲办事处工业园，注册资本为人民币 500 万元。该公司设有一个基本生产车间，产品从投料到产出整个过程都是在这个车间完成的，产成品为 A 型内胎和 B 型内胎两个品种。设有蒸汽和供电两个辅助生产车间：蒸汽车间生产高压蒸汽，为基本生产车间提供动力；供电车间主要为企业各车间、部门提供电力。

企业的基本信息如下：

名称：山东意德橡胶有限公司

开户银行及账号：中国农业银行河西区支行　　15432600460042315

纳税人识别号：91370682543570755L

地址、电话：河西区六曲办事处工业园 100 号　　(0535)6915129

该企业生产自行车内胎属于大量大批单步骤生产方式，故采用品种法核算产品成本。生产成本设置“基本生产成本”和“辅助生产成本”两个明细账。其中基本生产车间分别以 A 型内胎和 B 型内胎为核算对象按月计算完工产品成本。成本明细账设置三个成本项目：“直接材料”“直接人工”和“制造费用”。企业生产流程如图 2-1 所示。

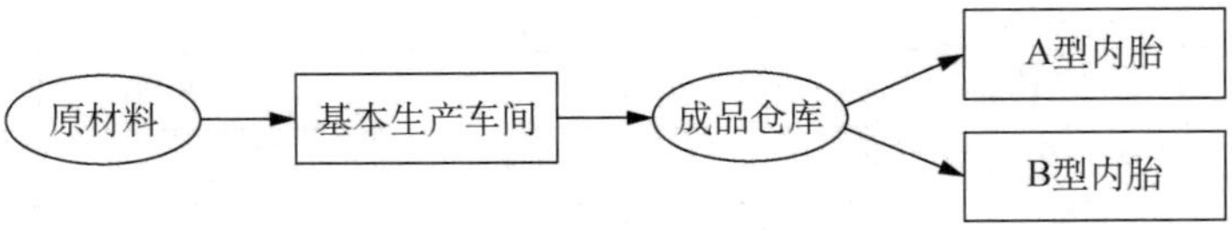

图 2-1　山东意德橡胶有限公司生产流程图

二、企业财务核算制度及说明

(一) 存货核算

(1) 企业生产产品的原材料及主要材料有：橡胶、填充剂、炭黑、嘴子、帘子布等；辅助材料为机油、汽油等。基本生产车间和蒸汽车间所需燃料为煤，不单独设置“直接燃料”和“动力成本”项目。材料存货日常核算采用实际成本法计价，材料成本按全月一次加权平均法进行核算，发出材料的成本与月末统一编制“发出材料汇总表”汇总计算。

(2) 企业低值易耗品分为工作服、手套等，均采用一次摊销法进行摊销。

(二) 产品成本核算方法

(1) 辅助生产费用核算说明:为简化核算,企业规定辅助生产车间不设置“制造费用”明细账,发生的间接生产费用,直接计入“辅助生产成本”明细账。辅助生产费用分配采用直接分配法。

(2) 企业的完工产成品使用“库存商品”账户核算,按实际成本法计价,按全月一次加权平均法计算。

(3) 其他有关费用分配方法的说明:工资及制造费用项目按生产工时比例分配,生产成本在完工产品与在产品之间的分配,采用约当产量法。产品生产的材料均在生产开始时一次投入,且月末在产品完工程度均为50%。

(4) 本书计算过程中,如遇除不尽小数情况,分配率保留四位小数,金额保留两位小数。

三、企业 2020 年 12 月份核算资料

(一) 期初资料

山东意德橡胶有限公司相关期初资料如表 2-1 和表 2-2 所示。

表 2-1

山东意德橡胶有限公司材料结存表

2020 年 12 月 1 日　　　　金额单位:元

材料类别	品种	单位	数量	单价	金额
原料及主要材料	橡胶	吨	5	10 000.00	50 000.00
	填充剂	吨	3	5 000.00	15 000.00
	炭黑	吨	3	3 500.00	10 500.00
	帘子布	吨	2	12 000.00	24 000.00
	嘴子	个	1 000	0.50	500.00
辅助材料	机油	升	50	50.00	2 500.00
	汽油	升	100	8.00	800.00
周转材料	工作服	套	100	30.00	3 000.00
	手套	副	200	2.00	400.00
燃料	煤	吨	10	300.00	3 000.00

表 2-2

山东意德橡胶有限公司在产品成本表

2020 年 12 月 1 日　　　　金额单位:元

成本项目	直接材料	直接人工	制造费用	合计
A 型内胎	4 755.00	4 696.00	4 611.60	14 062.60
B 型内胎	5 955.00	5 589.00	8 109.40	19 653.40

(二)本月生产资料

山东意德橡胶有限公司本月生产资料如表 2-3 和表 2-4 所示。

表 2-3

山东意德橡胶有限公司产量资料

2020 年 12 月　　单位:个

产品	月初在产品数量	本月投产数量	本月完工产品数量	月末在产品数量
A 型内胎	100	200	200	100
B 型内胎	150	200	300	50

表 2-4

山东意德橡胶有限公司生产工时单

2020 年 12 月　　单位:小时

车间名称	产品名称	生产工时
生产车间	A 型内胎	1 200
	B 型内胎	800
	合计	2 000

(三)相关比较资料

山东意德橡胶有限公司的相关比较资料如表 2-5 和表 2-6 所示。

表 2-5

A 型内胎单位成本资料

单位:元/件

成本项目	历史先进水平	上年实际平均	本年计划	本年 1～11 月实际
直接材料	85	92	85	91
直接人工	180	185	180	183
制造费用	300	310	310	320
产品成本合计	565	587	575	594
主要技术经济指标 (单位:吨/件)	耗用量	耗用量	耗用量	耗用量
1. 橡胶	0.0048	0.005	0.0048	0.0052
2. 炭黑	0.003	0.0032	0.0031	0.0033

表 2-6

B型内胎单位成本资料

单位:元/件

成本项目	历史先进水平	上年实际平均	本年计划	本年 1～11 月实际
直接材料	75	85	75	82
直接人工	100	110	100	105
制造费用	180	185	180	182
产品成本合计	355	380	355	369
主要技术经济指标（单位:吨/件）	耗用量	耗用量	耗用量	耗用量
1. 橡胶	0.0048	0.005	0.0048	0.0052
2. 炭黑	0.003	0.0032	0.0031	0.0033

（四）12 月份发生的经济业务

2020 年 12 月发生的经济业务如下（为简化计算，除业务给出增值税资料外，其他均不考虑增值税因素）：

（1）1 日，基本生产车间投产 A 型内胎 200 个，领用橡胶 1 吨。

（2）4 日，蒸汽车间领用机油 10 升。

（3）5 日，基本生产车间投产 B 型内胎 200 个，领用橡胶 1 吨。

（4）5 日，基本生产车间生产 A 型内胎领用炭黑 1 吨，填充剂 0.5 吨。

（5）6 日，蒸汽车间领用燃料煤 1 吨，基本生产车间领用燃料煤 1 吨，均为一般耗用。

（6）7 日，基本生产车间生产 B 型内胎领用炭黑 1 吨，填充剂 0.5 吨。

（7）8 日，基本生产车间、蒸汽车间和供电车间购买办公用品，以银行存款支付（增值税专用发票略）。其中基本生产车间 1 000 元，蒸汽车间 548 元，供电车间 652 元。

（8）8 日，销售部员工李林出差与某商场洽谈销售事宜，根据报销单据进行费用报销，以现金付讫。

（9）9 日，基本生产车间领用帘子布 1 吨，其中用于生产 A 型内胎和 B 型内胎各 0.5 吨。

（10）10 日，蒸汽车间领用劳保手套。

（11）12 日，供电车间领用工作服。

（12）15 日，采购橡胶和炭黑，收到增值税专用发票，以银行存款支付并入库。

（13）17 日，基本生产车间分别领用 A 型和 B 型内胎的原材料嘴子各 300 个。

（14）20 日，采购材料帘子布并入库，收到增值税专用发票，未付款。

（15）22 日，用银行存款支付基本生产车间、蒸汽车间和供电车间劳保费用，其中基本生产车间 1 600 元，蒸汽车间 1 500 元，供电车间 100 元。另外支付管理部报刊费 1 250 元。

(16) 25 日，管理部员工赵一凡出差，根据报销单据进行报销。

(17) 28 日，基本生产车间完工入库 A 型内胎 200 个，B 型内胎 300 个。

(18) 31 日，采用全月一次加权平均法计算材料的成本，填写“存货计价表”并计算平均单价。

(19) 31 日，汇总本月仓库的领料单，编制“材料领用汇总表”并做账务处理。

(20) 31 日，根据本月“职工薪酬汇总表”，填写“职工薪酬分配表”并做账务处理。

(21) 31 日，计提各车间部门固定资产折旧费。

(22) 31 日，根据蒸汽车间和供电车间提供劳务情况，采用直接分配法分配辅助生产车间的费用并做账务处理。

(23) 31 日，分配基本生产车间的制造费用并做账务处理。

(24) 31 日，分配基本生产车间的产成品的生产成本并做账务处理。

(25) 31 日，编制成本报表。

四、原始凭证

凭证1

领　　料　　单　　　　No.　20120001

领料部门：生产车间　　2020年12月1日
领料用途：生产A型内胎

材料名称	规格	单位	数量		成本	
			请领	实发	单价	总价
橡胶		吨	1	1		
合　计						

第二联：记账联

领料主管：李文　　会计：王伟　　发料人：陈力　　领料人：张三

凭证2

领　　料　　单　　　　No.　2012002

领料部门：蒸汽车间　　2020年12月4日
领料用途：一般耗用

材料名称	规格	单位	数量		成本	
			请领	实发	单价	总价
机油		升	10	10		
合　计						

第二联：记账联

领料主管：李文　　会计：王伟　　发料人：陈力　　领料人：赵宁

凭证 3

领 料 单 No. 2012003

领料部门：生产车间 2020年12月5日
领料用途：生产B型内胎

材料名称	规格	单位	数量		成本	
			请领	实发	单价	总价
橡胶		吨	1	1		
合 计						

第二联：记账联

领料主管：李文 会计：王伟 发料人：陈力 领料人：张三

凭证 4

领 料 单 No. 2012004

领料部门：生产车间 2020年12月5日
领料用途：生产A型内胎

材料名称	规格	单位	数量		成本	
			请领	实发	单价	总价
炭黑		吨	1	1		
填充剂		吨	0.5	0.5		
合 计						

第二联：记账联

领料主管：李文 会计：王伟 发料人：陈力 领料人：张三

凭证 5-1

领　　料　　单　　　No.　2012005

领料部门：蒸汽车间　　2020年12月6日
领料用途：一般耗用

材料名称	规格	单位	数量		成本	
			请领	实发	单价	总价
煤		吨	1	1		
合　计						

第二联：记账联

领料主管：刘天　　会计：王伟　　发料人：陈力　　领料人：赵宁

凭证 5-2

领　　料　　单　　　No.　2012006

领料部门：生产车间　　2020年12月6日
领料用途：一般耗用

材料名称	规格	单位	数量		成本	
			请领	实发	单价	总价
煤		吨	1	1		
合　计						

第二联：记账联

领料主管：李文　　会计：王伟　　发料人：陈力　　领料人：张三

凭证 6

领　料　单

No. 2012007

领料部门：生产车间　　2020年12月7日

领料用途：生产B型内胎

材料名称	规格	单位	数量		成本	
			请领	实发	单价	总价
炭黑		吨	1	1		
填充剂		吨	0.5	0.5		
合　计						

第二联：记账联

领料主管：李文　　会计：王伟　　发料人：陈力　　领料人：张三

凭证 7

中国农业银行
转账支票存根
10303720
00154521

附加信息

出票日期 2020 年 12 月 08 日
收款人：博士办公用品超市
金额：¥2 200.00
用途：办公用品
单位主管 方治国 会计 马小凤

烟阳证券印制有限公司·2019年印制

中国农业银行 转账支票 10303720 00154521

出票日期(大写) 贰零贰零年壹拾贰月零捌日 付款行名称：河西区支行

收款人：博士办公用品超市 出票人账号：15432600460042315

付款期限自出票之日起十天

人民币（大写）贰仟贰佰元整

亿	千	百	十	万	千	百	十	元	角	分
				¥	2	2	0	0	0	0

用途 购办公用品

上列款项请从

我账户内支付

出票人签章

密码 1208 6089 8291 0034

行号 6228480268329398212

复核　　记账

山东意德橡胶有限公司 财务专用章

方治国印

烟阳证券印制有限公司·2019年印制

附加信息	被背书人：	被背书人：
	背书人签章 年　月　日	背书人签章 年　月　日

（贴粘单处）

根据《中华人民共和国票据法》等法律法规的规定，签发空头支票由中国人民银行处以票面金额 5% 但不低于1 000元的罚款。

凭证 8-1

出 差 申 请 单

NO：A20201201

2020年12月6日

出差单位	销售部	出差人	李林	职务	销售员	出差地点	淄县
						出差时间	2天
出差事由	与商场洽谈销售事宜			经费预算金额（大写）		壹仟元整	
部门负责人批示	同意			出差人签章		李林	其他事项：无
部门负责人签章	田一			财务负责人审核意见		同意　马小凤	

凭证 8-2（注：城市间交通费、住宿费发票略去）

差旅费报销单

日期：2020年12月8日

出差人姓名		李林			所属部门		销售部		
出差地点		淄县			起止日期		自12月6日至12月7日，共2天		
出差事由	与商场洽谈销售事宜								
交通及住宿费	种类	单据张数	开支金额	核准金额	出差补助费	种类	天数	标准	金额
	城市间交通费	4	600.00	600.00		伙食补贴	2	30.00	60.00
	住　宿　费	1	200.00	200.00		公杂补贴	2	20.00	40.00
	小　计		800.00	800.00		小计			100.00
金额合计		（大写）玖佰元整							￥900.00
报销结算情况		原出差借款	￥0.00			报销金额	￥900.00		
		退回金额	0.00			补发金额	￥900.00		

现金付讫

经办人：李林　　部门经理：田一　　财务经理：马小凤　　总经理：方治国　　出纳：李静

凭证 9

领　　料　　单　　No.　2012008

领料部门：　生产车间　　2020年12月9日
领料用途：　生产产品领用

材料名称	规格	单位	数量		成本	
			请领	实发	单价	总价
帘子布		吨	1	1		
合　计						

第二联：记账联

领料主管：李文　会计：王伟　发料人：陈力　领料人：张三

凭证 10

领　　料　　单　　No.　2012009

领料部门：　蒸汽车间　　2020年12月10日
领料用途：　一般耗用

材料名称	规格	单位	数量		成本	
			请领	实发	单价	总价
劳保手套		副	50	50		
合　计						

第二联：记账联

领料主管：刘天　会计：王伟　发料人：陈力　领料人：赵宁

凭证 11

领　料　单　　No. 2012010

领料部门：供电车间　　2020年12月12日

领料用途：一般耗用

材料名称	规格	单位	数量		成本	
			请领	实发	单价	总价
工作服		副	50	50		
合　计						

第二联：记账联

领料主管：刘天　　会计：王伟　　发料人：陈力　　领料人：赵宁

凭证 12-1（注：因篇幅有限，本书仅此一处展示增值税专用发票抵扣联，以下增值税专用发票抵扣联略去）

3700203130　　**山东增值税专用发票**　　No 01360155　　3700203130 01360155

全国统一发票监制章 山东 国家税务总局监制

抵扣联

开票日期：2020年12月15日

购买方	名　称：山东意德橡胶有限公司 纳税人识别号：91370682543570755L 地址、电话：河西区六曲办事处工业园100号0535-6915129 开户行及账号：中国农业银行河西区支行15432600460042315	密码区	1<6<6>**580331/373>67<599<< ++8+505>4-<+>/0<38+70/420/> 09>>+-*93+>6401/3/4541*2<-3 -*2+88++5/320+6+*<2<>0+19<7

货物或应税劳务、服务名称	规格型号	单位	数量	单价	金额	税率	税额
*合成橡胶*橡胶		吨	3	10200.00	30600.00	13%	3978.00
*炭黑*炭黑		吨	2	3550.00	7100.00	13%	923.00
合　计					37700.00		4901.00
价税合计（大写）	⊗肆万贰仟陆佰零壹圆整				（小写）¥42601.00		

销售方	名　称：蓬海橡胶厂 纳税人识别号：91370101832252116G 地址、电话：蓬海市观海路20号0532-2345276 开户行及账号：工商银行观海分理处1606021909223436517	备注	蓬海橡胶厂 91370101832252116G 发票专用章

收款人：刘大为　　复核：肖玲玲　　开票人：王定　　销售方：（章）

第二联：抵扣联 购买方抵扣凭证

凭证 12-2

3700203130　山东增值税专用发票　No 01360155　3700203130 01360155

发票联

开票日期：2020年12月15日

购买方		密码区	
名　　称：	山东意德橡胶有限公司		1<6<6>**580331/373>67<599<<
纳税人识别号：	91370682543570755L		++8+505>4-<+>/0<38+70/420/>
地 址、电 话：	河西区六曲办事处工业园100号0535-6915129		09>>+-*93+>6401/3/4541*2<-3
开户行及账号：	中国农业银行河西区支行15432600460042315		-*2+88++5/320+6+*<2<>0+19<7

货物或应税劳务、服务名称	规格型号	单位	数量	单价	金额	税率	税额
*合成橡胶*橡胶		吨	3	10200.00	30600.00	13%	3978.00
*炭黑*炭黑		吨	2	3550.00	7100.00	13%	923.00
合　计					37700.00		4901.00
价税合计（大写）	⊗肆万贰仟陆佰零壹圆整				（小写）¥42601.00		

销售方		备注	
名　　称：	蓬海橡胶厂		蓬海橡胶厂 91370101832252116G 发票专用章
纳税人识别号：	91370101832252116G		
地 址、电 话：	蓬海市观海路20号0532-2345276		
开户行及账号：	工商银行观海分理处1606021909223436517		

收款人：刘大为　　复核：肖玲玲　　开票人：王定　　销售方：（章）

第三联：发票联　购买方记账凭证

凭证 12-3

入　库　单　　No. R20121001

发货单位：蓬海橡胶厂　　2020年12月15日

材料名称	规格	单位	数量		单价	金额	运杂费	总价
			凭证	实收				
橡胶		吨	3	3	10 200.00	30 600.00	_	30 600.00
炭黑		吨	2	2	3 550.00	7 100.00	_	7 100.00
合　计						37 700.00	_	37 700.00

记账联

仓库主管：杜义　　会计：王伟　　仓库验收：王晓　　采购员：杨柳

凭证 12-4

中国农业银行
转账支票存根
10303720
00154522

附加信息

出票日期 2020 年 12 月 15 日
收款人： 蓬海橡胶厂
金额： ￥42 601.00
用途： 支付材料费
单位主管 方治国 **会计** 马小凤

烟台证券印制有限公司 · 2019年印制

中国农业银行 转账支票 **10303720** 00154522

出票日期(大写) 贰零贰零年壹拾贰月壹拾伍日 付款行名称：河西区支行

收款人：蓬海橡胶厂 出票人账号：15432600460042315

人民币(大写)	亿	千	百	十	万	千	百	十	元	角	分
肆万贰仟陆佰零壹元整				¥	4	2	6	0	1	0	0

付款期限自出票之日起十天

用途 支付材料费
上列款项请从
我账户内支付
出票人签章

密码 1002 2309 1235 0018
行号 1606021909223436517

复核 记账

财务专用章

方治国印

凭证 13-1

领 料 单

No. 2012011

领料部门：生产车间 2020年12月17日
领料用途：生产产品领用

材料名称	规格	单位	数量		成本	
			请领	实发	单价	总价
嘴子（A型）		个	300	300		
嘴子（B型）		个	300	300		
合 计						

第二联：记账联

领料主管：李文 会计：王伟 发料人：陈力 领料人：张三

烟阳证券印制有限公司·2019年印制

附加信息	被背书人：	被背书人：
	背书人签章 年　月　日	背书人签章 年　月　日

（贴粘单处）

根据《中华人民共和国票据法》等法律法规的规定，签发空头支票由中国人民银行处以票面金额 5% 但不低于1 000元的罚款。

凭证 14-1

3700203130　山东增值税专用发票　No 07821224　3700203130　07821224

发票联

开票日期：2020年12月20日

购买方	名　　称：山东意德橡胶有限公司 纳税人识别号：91370682543570755L 地 址、电 话：河西区六曲办事处工业园100号0535-6915129 开户行及账号：中国农业银行河西区支行15432600460042315	密码区	1<6<6>**580331/373>67<599<< ++8+505>4-<+>/0<38+70/420/> 09>>+-*93+>6401/3/4541*2<-3 -*2+88++5/320+6+*<2<>0+19<7

货物或应税劳务、服务名称	规格型号	单位	数　量	单　价	金　额	税 率	税　额
*帘子布*帘子布		吨	3	12500.00	37500.00	13%	4875.00
合　　计					37500.00		4875.00
价税合计（大写）	⊗肆万贰仟叁佰柒拾伍圆整				（小写）¥42375.00		

销售方	名　　称：海滨市新玛特工业布厂 纳税人识别号：91370101532242007H 地 址、电 话：海滨市沿海路11号0533-7657211 开户行及账号：工商银行沿海路分理处1606021909220003527	备注	91370101532242007H 发票专用章

收款人：刘斌　　复核：张婷婷　　开票人：韩磊　　销售方：（章）

第三联：发票联　购买方记账凭证

凭证 14-2

入　　库　　单

No. R20121002

发货单位：新玛特工业布厂　　2020年12月20日

材料名称	规格	单位	数量		单价	金额	运杂费	总价
			凭证	实收				
帘子布		吨	3	3	12 500.00	37 500.00	–	37 500.00
合　计						37 500.00	–	37 500.00

记账联

仓库主管：杜义　　会计：王伟　　仓库验收：王晓　　采购员：杨柳

凭证 15-1

中国农业银行
转账支票存根
10303720
00154523

附加信息

出票日期 2020 年 12 月 22 日
收款人：海滨百货公司
金额：￥3 200.00
用途：购劳保用品
单位主管 方治国 会计 马小凤

烟阳证券印制有限公司 · 2019年印制

中国农业银行 转账支票 10303720 00154523

出票日期(大写) 贰零贰零年壹拾贰月贰拾贰日 付款行名称：河西区支行

收款人：海滨百货公司 出票人账号：15432600460042315

本支票付款期限自出票之日起十天

人民币(大写)	亿	千	百	十	万	千	百	十	元	角	分
叁仟贰佰元整					¥	3	2	0	0	0	0

用途 购劳保用品

上列款项请从
我账户内支付
出票人签章

方国治印

密码 1191 3230 4267 1002
行号 102451011524

复核　　记账

凭证 15-2

山东增值税电子普通发票

发票代码：037002000111
发票号码：36701382
开票日期：2020年12月22日
校验码：23422 17637 23749 23881

购买方	名　　称：山东意德橡胶有限公司 纳税人识别号：91370682543570755L 地 址、电 话：河西区六曲办事处工业园100号0535-6915129 开户行及账号：中国农业银行河西区支行15432600460042315	密码区	1<6<6>**580331/373>67<599<< ++8+505>4-<+>/0<38+70/420/> 09>>+-*93+>6401/3/4541*2<-3 -*2+88++5/320+6+*<2<>0+19<7

货物或应税劳务、服务名称	规格型号	单位	数　量	单　价	金　额	税 率	税　额
*靴鞋零件、护腿及类似品*劳保用品费			1	2831.86	2831.86	13%	368.14
合　　计					2831.86		368.14
价税合计（大写）	⊗叁仟贰佰圆整				（小写）¥3200.00		

销售方	名　　称：海滨百货公司 纳税人识别号：91370101228752130H 地 址、电 话：滨海市滨海路26号0535-7292567 开户行及账号：中国银行滨海路分理处102451011524	备注	

收款人：赵杰　　复核：肖淼　　开票人：王秋秋　　销售方：（章）

烟阳证券印制有限公司·2019年印制

附加信息	被背书人：	被背书人：
	背书人签章 年　月　日	背书人签章 年　月　日

（贴粘单处）

根据《中华人民共和国票据法》等法律法规的规定，签发空头支票由中国人民银行处以票面金额 5% 但不低于1 000元的罚款。

凭证 15-3

中国农业银行

转账支票存根

10303720

00154524

附加信息

出票日期 2020 年 12 月 22 日

收款人： 海滨出版社

金额： ￥1 250.00

用途： 报刊费

单位主管 方治国 会计 马小凤

烟阳证券印制有限公司·2019年印制

中国农业银行 转账支票 10303720 00154524

出票日期(大写) 贰零贰零年壹拾贰月贰拾贰日 付款行名称：河西区支行

收款人：海滨出版社 出票人账号：15432600460042315

人民币（大写）	亿	千	百	十	万	千	百	十	元	角	分
壹仟贰佰伍拾元整					￥	1	2	5	0	0	0

付款期限自出票之日起十天

用途 支付报刊费

上列款项请从我账户内支付

出票人签章

密码 3278 6009 8013 5123

行号 15432600123435166

复核　记账

山东意德橡胶有限公司 财务专用章

方治国印

凭证 15-4

3700203130　山东增值税专用发票　No 01983220　3700203130 01983220

国家税务总局监制

发票联

开票日期：2020年12月22日

购买方	
名称	山东意德橡胶有限公司
纳税人识别号	91370682543570755L
地址、电话	河西区六曲办事处工业园100号0535-6915129
开户行及账号	中国农业银行河西区支行15432600460042315

密码区：

1<6<6>**580331/373>67<599<<

++8+505>4-<+>/0<38+70/420/>

09>>+-*93+>6401/3/4541*2<-3

-*2+88++5/320+6+*<2<>0+19<7

货物或应税劳务、服务名称	规格型号	单位	数量	单价	金额	税率	税额
*有刊号图书、报纸、期刊类印刷品*报刊费			1	1146.79	1146.79	9%	103.21
合计					1146.79		103.21
价税合计（大写）	⊗壹仟贰佰伍拾圆整				（小写）￥1250.00		

销售方	
名称	海滨出版社
纳税人识别号	9137010100121012J
地址、电话	滨海市历山路26号0533-6536272
开户行及账号	中国农业银行历山路支行15432600123435166

备注

海滨出版社 9137010100121012J 发票专用章

收款人：刘东方　复核：钱小梦　开票人：陈二　销售方：（章）

第三联：发票联　购买方记账凭证

烟阳证券印制有限公司·2019年印制

附加信息	被背书人：	被背书人：
	背书人签章 年　月　日	背书人签章 年　月　日

（贴粘单处）

根据《中华人民共和国票据法》等法律法规的规定，签发空头支票由中国人民银行处以票面金额 5% 但不低于1 000元的罚款。

凭证 16-1

出 差 申 请 单

NO：A20201202

2020年12月20日

<table>
<tr><td rowspan="2">出差单位</td><td rowspan="2">管理部</td><td rowspan="2">出差人</td><td rowspan="2">赵一凡</td><td rowspan="2">职务</td><td rowspan="2">办公室</td><td>出差地点</td><td colspan="2">重庆</td></tr>
<tr><td>出差时间</td><td colspan="2">3天</td></tr>
<tr><td>出差事由</td><td colspan="4">参加产品展览会</td><td>经费预算金额（大写）</td><td colspan="3">叁仟元整</td></tr>
<tr><td>部门负责人批示</td><td colspan="4">同意</td><td>出差人签章</td><td>赵一凡</td><td>其他事项</td><td>无</td></tr>
<tr><td>部门负责人签章</td><td colspan="4">方治国</td><td>财务负责人审核意见</td><td colspan="3">同意　马小凤</td></tr>
</table>

凭证 16-2

差旅费报销单

日期：　2020年12月25日

<table>
<tr><td colspan="2">出差人姓名</td><td colspan="3">赵一凡</td><td colspan="2">所属部门</td><td colspan="3">管理部</td></tr>
<tr><td colspan="2">出差地点</td><td colspan="3">重庆</td><td colspan="2">起止日期</td><td colspan="3">自12月21日至12月23日，共3天</td></tr>
<tr><td>出差事由</td><td colspan="9">参加产品展览会</td></tr>
<tr><td rowspan="5">交通及住宿费</td><td>种类</td><td>单据张数</td><td>开支金额</td><td>核准金额</td><td rowspan="5">出差补助费</td><td>种类</td><td>天数</td><td>标准</td><td>金额</td></tr>
<tr><td>城市间交通费</td><td>4</td><td>2 000.00</td><td>2 000.00</td><td>伙食补贴</td><td>3</td><td>30.00</td><td>90.00</td></tr>
<tr><td>住　宿　费</td><td>2</td><td>600.00</td><td>600.00</td><td>公杂补贴</td><td>3</td><td>50.00</td><td>150.00</td></tr>
<tr><td></td><td></td><td></td><td></td><td></td><td></td><td></td><td></td></tr>
<tr><td>小　计</td><td></td><td>2 600.00</td><td>2 600.00</td><td>小计</td><td colspan="2">现金付讫</td><td>240.00</td></tr>
<tr><td colspan="2">金额合计</td><td colspan="8">（大写）贰仟捌佰肆拾元整　　　　￥2 840.00</td></tr>
<tr><td colspan="2" rowspan="2">报销结算情况</td><td>原出差借款</td><td colspan="3">￥0.00</td><td>报销金额</td><td colspan="3">￥2 840.00</td></tr>
<tr><td>退回金额</td><td colspan="3">0.00</td><td>补发金额</td><td colspan="3">￥2 840.00</td></tr>
</table>

经办人：赵一凡　　部门经理：方治国　　财务经理：马小凤　　总经理：方治国　　出纳：李静

凭证 16-3

中国农业银行
现金支票存根
10303710
00154248

烟台证券印制有限公司·2019年印制

附加信息

出票日期 2020 年 12 月 25 日
收款人： 赵一凡
金额： ￥2 840.00
用途： 报销款
单位主管 方治国 **会计** 马小凤

中国农业银行　现金支票　10303710
00154248

付款期限自出票之日起十天

出票日期(大写)　贰零贰零年壹拾贰月贰拾伍日　付款行名称：河西区支行
收款人：赵一凡　出票人账号：15432600460042315

人民币(大写)	亿	千	百	十	万	千	百	十	元	角	分
贰仟捌佰肆拾元整					￥	2	8	4	0	0	0

用途　报销款
上列款项请从
我账户内支付
出票人签章

方国治印

密码　1435 6009 1009 3535

复核　记账

凭证 17

内部交库单　No. N20121001

发货部门：生产车间　2020年12月28日

材料名称	规格	单位	数量		单价	金额	运杂费	总价
			凭证	实收				
A型内胎		个	200	200				
B型内胎		个	300	300				
合　计								

记账联

仓库主管：杜义　会计：王伟　仓库验收：王晓　交库人：李路

烟阳证券印制有限公司・2019年印制

附加信息	收款人签章 年　月　日
	身份证件名称：　　　　发证机关：
	号码

（贴粘单处）

根据《中华人民共和国票据法》等法律法规的规定，签发空头支票由中国人民银行处以票面金额 5% 但不低于1 000元的罚款。

凭证 18（注：遇有需签名情况时，学生可根据分组情况，在“复核”“制单”下签真实姓名，也可根据教师要求，填写该公司财务部会计人员姓名，本书同）

山东意德橡胶有限公司存货计价表

2020年12月

材料类别	品种	单位	期初结存			本月收入			平均单价
			数量	单价	金额	数量	单价	金额	
原料及主要材料	橡胶	吨							
	填充剂	吨							
	炭黑	吨							
	帘子布	吨							
	嘴子	吨							
辅助材料	机油	升							
	汽油	升							
周转材料	工作服	套							
	手套	副							
燃料	煤	吨							

复核：　　　　制单：

凭证 19

山东意德橡胶有限公司材料领用汇总表

材料类别		受益单位	生产车间			蒸汽车间	供电车间	管理部	销售部	合计
			A型内胎用	B型内胎用	一般耗用					
原料及主要材料	橡胶	数量（吨）								
		金额（元）								
	填充剂	数量（吨）								
		金额（元）								
	炭黑	数量（吨）								
		金额（元）								
	帘子布	数量（吨）								
		金额（元）								
	嘴子	数量（个）								
		金额（元）								
周转材料和辅助材料	汽油	数量（升）								
		金额（元）								
	机油	数量（升）								
		金额（元）								
	工作服	数量（件）								
		金额（元）								
	手套	数量（副）								
		金额（元）								
燃料	煤	数量（吨）								
		金额（元）								
合计（元）										

复核：　　　　制单：

凭证 20-1（注：车间主任职工薪酬计入“制造费用”，工人职工薪酬计入“生产成本”；管理部、财务部人员职工薪酬计入“管理费用”；销售部人员职工薪酬计入“销售费用”）

山东意德橡胶有限公司职工薪酬汇总表

2020年12月　　金额单位：元

部门	职位	人员	应付工资				应付其他薪酬				合计
			基本工资	津贴	奖金	合计	福利费（14%）	保险金（4%）	住房公积金（5%）	合计	
生产车间	车间主任	李文	3 500.00	1 200.00	800.00	5 500.00	770.00	220.00	275.00	1 265.00	6 765.00
生产车间	工人	陈丽等	48 000.00	4 000.00	6 000.00	58 000.00	8 120.00	2 320.00	2 900.00	13 340.00	71 340.00
蒸汽车间	工人	赵宁	2 500.00	800.00	400.00	3 700.00	518.00	148.00	185.00	851.00	4 551.00
供电车间	工人	张三	2 500.00	700.00	400.00	3 600.00	504.00	144.00	180.00	828.00	4 428.00
管理部	总经理	方志国	6 500.00	2 000.00	3 000.00	11 500.00	1 610.00	460.00	575.00	2 645.00	14 145.00
管理部	职员	赵一凡	4 500.00	1 200.00	600.00	6 300.00	882.00	252.00	315.00	1 449.00	7 749.00
管理部	库管	陈力等	18 000.00	5 000.00	2 000.00	25 000.00	3 500.00	1 000.00	1 250.00	5 750.00	30 750.00
销售部	经理	田一	3 500.00	1 800.00	2 000.00	7 300.00	1 022.00	292.00	365.00	1 679.00	8 979.00
销售部	销售员	李林	2 500.00	1 600.00	2 500.00	6 600.00	924.00	264.00	330.00	1 518.00	8 118.00
财务部	主管	马小凤	4 500.00	2 000.00	800.00	7 300.00	1 022.00	292.00	365.00	1 679.00	8 979.00
财务部	会计	孙艺	3 500.00	500.00	600.00	4 600.00	644.00	184.00	230.00	1 058.00	5 658.00
财务部	会计	王伟	3 500.00	500.00	600.00	4 600.00	644.00	184.00	230.00	1 058.00	5 658.00
财务部	出纳	李静	3 000.00	500.00	600.00	4 100.00	574.00	164.00	205.00	943.00	5 043.00
合计			106 000.00	21 800.00	20 300.00	148 100.00	20 734.00	5 924.00	7 405.00	34 063.00	182 163.00

财务负责人：马小凤　　复核：孙艺　　制单：王伟

凭证 20-2（注：该原始凭证请进行直接薪酬费用的分配并填写完整）

山东意德橡胶有限公司职工薪酬分配表

2020年12月　　金额单位：元

车间名称	产品名称	生产工时	分配率	应分配薪酬费用
生产车间	A型内胎			
	B型内胎			
合计				

复核：　　制单：

凭证 21（注：该原始凭证请根据折旧率计算并填写完整）

山东意德橡胶有限公司固定资产折旧计提单

2020年12月　　　　金额单位：元

使用部门	固定资产项目	固定资产原值	月折旧率	本月应计提折旧额
生产车间	建筑物	7 000 000.00	0.50%	
	机器设备	4 500 000.00	1.50%	
	小计	11 500 000.00		
管理部	建筑物	5 000 000.00	0.50%	
	办公设备	300 000.00	1.50%	
	小计	5 300 000.00		
销售部	建筑物	6 000 000.00	0.50%	
	办公设备	300 000.00	1.50%	
	小计	6 300 000.00		

复核：　　　　制单：

凭证 22-1

各车间、部门辅助生产费用受益表

2020年12月

受益对象（生产单位和部门）	蒸汽耗量（吨）	提供电量（千瓦时）
蒸汽车间		1 140
供电车间	5	
生产车间	50	11 000
管理部		1 200
销售部		1 160
合计	55	14 500

凭证 22-2（注：该原始凭证请使用直接分配法进行分配并填写完整）

辅助生产成本分配表

2020年12月　　金额单位：元

项目	分配蒸汽费		分配电费	
	数量（吨）	金额	数量（度）	金额
待分配费用				
劳务供应总量				
费用分配率				
受益对象				
生产车间				
管理部				
销售部				
合计				

复核：　　制单：

凭证 23（注：该原始凭证请计算分配制造费用并填写完整）

制造费用分配表

2020年12月　　金额单位：元

车间	产品	实际工时（小时）	分配金额
生产车间	A型内胎		
	B型内胎		
	合计		

凭证 24-1（注：该原始凭证请根据期初资料、生产成本明细账的数据填写，并使用约当产量分配法分配并填写完整）

产品成本计算单

车间：生产车间　　2020年12月31日

产品：A型内胎　　金额单位：元

摘　　要	直接材料	直接人工	制造费用	合计
月初在产品成本				
本月费用				
合计				
完工产品成本				
月末在产品成本				

复核：　　制单：

凭证 24-2（注：该原始凭证请根据期初资料、生产成本明细账的数据填写，并使用约当产量分配法分配并填写完整）

产品成本计算单

车间：生产车间　　2020年12月31日

产品：B型内胎　　金额单位：元

摘　　要	直接材料	直接人工	制造费用	合计
月初在产品成本				
本月费用				
合计				
完工产品成本				
月末在产品成本				

复核：　　制单：

第三篇　分批法的核算

一、企业经济类型及生产特点

建丰糕点厂是山东省玉山市一家生产桃酥、蛋糕等各种糕点的民营企业，公司位于玉山市青年路27号，注册资本为人民币300万元。该厂生产的产品主要针对大型企业、酒店、商超对于特定品种糕点的需要，产品品种较多，具有定制化的特点。企业设有一个基本生产车间，主要负责对订单糕点的生产；一个辅助生产部门——运输队，主要为企业提供运输服务，企业设有一个仓库用来存放各种原料、产成品等。

企业的基本信息如下：

名称：建丰糕点厂

开户银行及账号：工商银行玉山市青年路支行　　1606021909223456601

纳税人识别号：913706628345100866

地址、电话：玉山市青年路27号　　(0532)6915129

企业由于产品品种众多，产品的类别和性质与订单的要求关系较大，企业使用分批法对产品进行成本核算。企业主要的生产流程为：企业收到订单后，由厂部管理人员下达生产指令并拟定生产批号，生产部门按照生产批号去仓库领用原料，仓库人员根据生产批号发放材料，会计人员根据生产批号进行成本核算。企业的生产流程如图3-1所示。

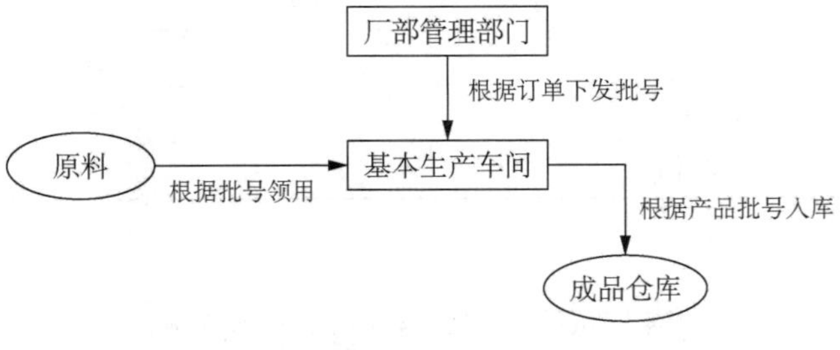

图3-1　建丰糕点厂生产流程图

二、企业财务核算制度及说明

(一) 存货核算

(1) 材料存货日常核算采用实际成本法计价。材料的成本由全月一次加权平均法进行核算，发出材料的成本于月末统一编制“领料凭证汇总表”汇总计算，并于月末一次结转。

（2）企业辅助材料包括小苏打、泡打粉等，采用一次摊销法进行核算。

（3）企业的完工产成品使用“库存商品”账户核算，按实际成本法计价，使用全月一次加权平均法计算。

（二）产品成本核算方法

（1）企业生产采用分批进行产品成本核算，成本核算的对象为“批别”，故生产成本明细账按照“批号”设置，一个批次设置一张。

（2）企业成本核算设置的成本项目有：直接材料、直接人工和制造费用。

（3）企业的运输队仅设置“辅助生产成本”明细账，不设置制造费用明细账核算，为提供劳务发生的间接费用计入“辅助生产成本”科目。运输队发生的费用按照实际成本法在各受益部门之间进行分配。

三、企业 2020 年 12 月份核算资料

（一）期初资料

建丰糕点厂的相关期初资料如表 3-1 和表 3-2 所示。

表 3-1

建丰糕点厂材料结存表

2020 年 12 月 1 日　　金额单位：元

材料类别	品种	计量单位	数量	单价	金额
原料及主要材料	低筋面粉	袋	2 000	20.00	40 000.00
	中筋面粉	袋	10 000	16.00	160 000.00
	食用油	桶	3 000	60.00	180 000.00
	白糖	袋	7 500	100.00	750 000.00
	鸡蛋	千克	2 500	6.6	16 500.00
	果仁	千克	2 000	20.00	40 000.00
周转材料	小苏打	包	50	10.00	500.00
	泡打粉	包	100	12.00	1 200.00
	食品添加剂	包	50	25.00	1 250.00

表 3-2

建丰糕点厂基本生产车间在产品成本表

2020 年 12 月 1 日　　金额单位：元

批次＼项目	直接材料	直接人工	制造费用	合计
20201125	5 000.00	3 000.00	6 000.00	14 000.00
20201130	3 000.00	1 000.00	1 500.00	5 500.00

注：建丰糕点厂进行分批生产，12 月份期初车间在产品为：20201125 批次，11 月投产，本月继续生产；20201130 批次，11 月投产，因客户原因，本月停产。

(二) 生产资料

建丰糕点厂的生产工时资料如表 3-3 所示。

表 3-3

建丰糕点厂基本生产车间生产工时单

2020 年 12 月　　单位:小时

批号	生产工时
20201125	600
20201130	0
20201203	800
20201215	200
合计	1 600

(三) 比较资料

建丰糕点厂的主要产品相关比较资料如表 3-4 和表 3-5 所示。

表 3-4

桃酥单位成本资料

单位:元/件

成本项目	历史先进水平	上年实际平均	本年计划	本年 1～11 月实际
直接材料	7.1	7.2	7.0	6.8
直接人工	0.5	0.7	0.6	0.5
制造费用	0.6	0.6	0.8	1.0
产品成本合计	8.2	8.5	8.4	8.3
主要技术经济指标(单位:袋/件)	耗用量	耗用量	耗用量	耗用量
1. 面粉	0.076	0.08	0.08	0.079
2. 白糖	0.042	0.044	0.04	0.04

表 3-5

蛋糕单位成本资料

单位:元/件

成本项目	历史先进水平	上年实际平均	本年计划	本年 1～11 月实际
直接材料	10.00	11.00	10.00	10.20
直接人工	3.00	3.25	3.20	3.30
制造费用	5.00	4.00	4.80	4.50
产品成本合计	18.00	18.25	18.00	18.00
主要技术经济指标(单位:袋/件)	耗用量	耗用量	耗用量	耗用量
1. 面粉	0.076	0.08	0.08	0.082
2. 白糖	0.042	0.044	0.04	0.04

(四) 12 月份发生的经济业务

建丰糕点厂 2020 年 12 月份发生的经济业务如下(为简化核算,除业务给出相关增值税外,其他均不考虑增值税因素):

(1) 1 日,基本生产车间为生产 20201125 批号蛋糕 10 000 千克,领用鸡蛋 2 000 千克,低筋面粉 800 袋,白糖 400 袋,食用油 400 桶。

(2) 3 日,管理部根据富春超市订单的要求,下发 20201203 批号,生产桃酥 80 000 千克。同日,领用中筋面粉 6 400 袋,白糖 3 200 袋,食用油 1 600 桶,果仁2 000 千克。

(3) 4 日,基本生产车间领用小苏打、泡打粉等低值易耗品一批。

(4) 8 日,采购入库原材料一批,收到增值税专用发票,货款付讫。

(5) 10 日,销售部员工王猛出差与富春超市商谈销售事宜,根据报销单据进行费用报销,以现金付讫。

(6) 11 日,用银行存款支付基本生产车间劳保费用、管理部报刊费。

(7) 15 日,管理部根据工业机械公司订单的要求,下发 20201215 批号,生产蛋糕 50 000 千克。同日,基本生产车间领用部分原料:中筋面粉 2 000 袋,白糖 2 000 袋,食用油 1 000 桶,鸡蛋 1 000 千克。

(8) 16 日,基本生产车间 20201125 批号完工,根据入库单交仓库存放,通过"库存商品"账户进行核算。

(9) 20 日,运输队刘通报销汽油费用 600 元,粘贴汽油票 3 张(略),以现金付讫。

(10) 21 日,用现金支票支付修理个体杨胜利修理费用于基本生产车间机器设备修理,计入"管理费用"。

(11) 28 日,基本生产车间 20201203 批号完工,根据入库单交仓库存放,通过"库存商品"科目进行核算。

(12) 31 日,采用全月一次加权平均法计算材料的成本,填写"存货计价表"并计算平均单价。

(13) 31 日,汇总本月仓库的领料单,编制"材料领用汇总表"并做账务处理。

(14) 31 日,根据本月"职工薪酬汇总表",分配并结转各步骤产品的薪酬费用,填写"职工薪酬分配表"并做账务处理。

(15) 31 日,计提各车间部门固定资产折旧费。

(16) 31 日,按照实际耗用量标准分配本月发生的水电费,贷方为"应付账款"科目。由于月末该月水电费单据未到,采用暂估方法核算水电费,根据山东省工业用水、电标准,水费以 4.9 元每吨暂估,电费以 0.92 元每千瓦时暂估。

(17) 31 日,根据运输队提供劳务情况,分配辅助生产车间的费用并做账务处理。

(18) 31 日,分配基本生产车间的制造费用并做账务处理。

(19) 31 日,分配基本生产车间产成品的生产成本并做账务处理。

(20) 31 日,编制成本报表。

四、原始凭证

凭证 1

领　　料　　单

No. 202012001

领料部门：生产车间　　2020年12月1日

领料用途：20201125批号领用

材料名称	规格	单位	数量		成本	
			请领	实发	单价	总价
鸡蛋		千克	2 000	2 000		
低筋面粉		袋	800	800		
白糖		袋	400	400		
食用油		桶	400	400		
合计						

第二联：记账联

领料主管：李丽　　会计：张文　　发料人：钱浩　　领料人：吴宇

凭证 2

领　　料　　单

No. 202012002

领料部门：生产车间　　2020年12月3日

领料用途：20201203批号领用

材料名称	规格	单位	数量		成本	
			请领	实发	单价	总价
中筋面粉		袋	6 400	6 400		
白糖		袋	3 200	3 200		
食用油		桶	1 600	1 600		
果仁		千克	2 000	2 000		
合　计						

第二联：记账联

领料主管：李丽　　会计：张文　　发料人：钱浩　　领料人：吴宇

凭证 3

领　料　单

No. 202012003

领料部门：生产车间　　2020年12月4日

领料用途：一般耗用

材料名称	规格	单位	数量		成本	
			请领	实发	单价	总价
小苏打		包	5	5		
泡打粉		包	10	10		
食品添加剂		包	5	5		
合　计						

第二联：记账联

领料主管：李丽　　会计：张文　　发料人：钱浩　　领料人：吴宇

凭证 4-1

入　库　单

No. R20121001

发货单位：好未来粮食厂　　2020年12月8日

材料名称	规格	单位	数量		单价	金额	运杂费	总价
			凭证	实收				
低筋面粉		袋	500	500	22.00	11 000.00	—	11 000.00
鸡蛋		千克	500	500	9.00	4 500.00	—	4 500.00
白糖		袋	500	500	105.00	52 500.00	—	52 500.00
合　计						68 000.00	—	68 000.00

记账联

仓库主管：刘玉　　会计：张文　　仓库验收：张晓　　采购员：杨毅

凭证 4-2

3700201130　**山东增值税专用发票**　No 01780155　3700201130 01780155

发票联

开票日期：2020年12月08日

购买方	名　　称：建丰糕点厂 纳税人识别号：913706628345100866 地 址、电 话：玉山市青年路27号0532-6915129 开户行及账号：工商银行玉山青年路支行1606021909223456601
密码区	1<6<6>**580331/373>67<599<< ++8+505>4-<+>/0<38+70/420/> 09>>+-*93+>6401/3/4541*2<-3 -*2+88++5/320+6+*<2<>0+19<7

货物或应税劳务、服务名称	规格型号	单位	数量	单价	金额	税率	税额
*小麦粉*低筋面粉		袋	500	22.00	11000.00	13%	1430.00
*鸡蛋*鸡蛋		千克	500	9.00	4500.00	13%	585.00
*成品糖*白糖		袋	500	105.00	52500.00	13%	6825.00
合　　计					68000.00		8840.00
价税合计（大写）	⊗柒万陆仟捌佰肆拾圆整				（小写）¥76840.00		

销售方	名　　称：好未来粮食厂 纳税人识别号：91370101832252231A 地 址、电 话：玉山市建设大道29号0532-2345276 开户行及账号：工商银行建设道分行1606021909221789981	备注	好未来粮食厂 91370101832252231A 发票专用章

收款人：陈倩　　复核：王亭　　开票人：刘默　　销售方：（章）

第三联：发票联　购买方记账凭证

凭证 4-3

中国工商银行 转账支票存根

10203720
00154633

附加信息

出票日期 2020 年 12 月 08 日

收款人：好未来粮食厂

金额：¥76 840.00

用途：购买原材料

单位主管 王一明　会计 张丰

烟台证券印制有限公司·2019年印制

中国工商银行 转账支票　10203720 00154633

出票日期(大写)　贰零贰零年壹拾贰月零捌日　　付款行名称：青年路支行

收款人：好未来粮食厂　　出票人账号：1606021909223456601

人民币(大写)	柒万陆仟捌佰肆拾元整	亿	千	百	十	万	千	百	十	元	角	分
					¥	7	6	8	4	0	0	0

付款期限自出票之日起十天

用途　购买原材料

上列款项请从

我账户内支付

出票人签章　建丰糕点厂 财务专用章　王明一印

密码　1403 3500 8239 0090

行号　1606021909221789981

复核　　记账

烟阳证券印制有限公司·2019年印制

附加信息	被背书人：	被背书人：
	背书人签章 年　月　日	背书人签章 年　月　日

（贴粘单处）

根据《中华人民共和国票据法》等法律法规的规定，签发空头支票由中国人民银行处以票面金额 5% 但不低于1 000元的罚款。

凭证 5-1

出 差 申 请 单

NO：A20201201

2020年12月7日

出差单位	销售部	出差人	王猛	职务	销售员	出差地点	莱市
						出差时间	2天
出差事由	与富春超市洽谈销售事宜			经费预算金额（大写）		壹仟元整	
部门负责人批示	同意			出差人签章		王猛	其他事项：无
部门负责人签章	季林			财务负责人审核意见		同意　张丰	

凭证 5-2（注：城市间交通费、住宿费等原始凭证略去）

差旅费报销单

日期：2020年12月10日

出差人姓名		王猛			所属部门	销售部			
出差地点		莱市			起止日期	自12月8日至12月9日，共2天			
出差事由	与富春超市洽谈销售事宜								
交通及住宿费	种类	单据张数	开支金额	核准金额	出差补助费	种类	天数	标准	金额
	城市间交通费	4	600.00	600.00		伙食补贴	2	30.00	60.00
	住宿费	1	200.00	200.00		公杂补贴	2	20.00	40.00
	小　计		800.00	800.00		小计	现金付讫		100.00
金额合计		（大写）玖佰元整						¥900.00	
报销结算情况		原出差借款	¥0.00		报销金额	¥			
		退回金额	0.00		补发金额	¥900.00			

经办人：王猛　部门经理：季林　财务经理：张丰　总经理：王一明　出纳：李豆

凭证 6-1

中国工商银行
转账支票存根

10203720
00154634

附加信息

出票日期 2020 年 12 月 11 日

收款人： 青年路百货

金额： ￥3 500.00

用途： 劳保用品

单位主管 王一明　**会计** 张　丰

烟台证券印制有限公司 • 2019年印制

中国工商银行　转账支票　10203720　00154634

出票日期(大写)　贰零贰零年壹拾贰月壹拾壹日　付款行名称：青年路支行

收款人：青年路百货　出票人账号：1606021909223456601

付款期限自出票之日起十天

人民币（大写）	亿	千	百	十	万	千	百	十	元	角	分
叁仟伍佰元整					￥	3	5	0	0	0	0

用途　劳保用品　密码　5930 3870 2384 0290

上列款项请从　行号　102451010018

我账户内支付

出票人签章　复核　记账

建丰糕点厂 财务专用章　王一明印

凭证 6-2

山东增值税电子普通发票

全国统一发票监制章 国家税务总局 山东省税务局

发票代码：037002000111
发票号码：36702435
开票日期：2020年12月11日
校验码：23422 17637 23749 23881

购买方	名　　称：建丰糕点厂 纳税人识别号：913706628345100866 地 址、电 话：玉山市青年路27号0532-6915129 开户行及账号：工商银行玉山青年路支行1606021909223456601	密码区	1<6<6>**580331/373>67<599<< ++8+505>4-<+>/0<38+70/420/> 09>>+-*93+>6401/3/4541*2<-3 -*2+88++5/320+6+*<2<>0+19<7

货物或应税劳务、服务名称	规格型号	单位	数　量	单　价	金　额	税　率	税　额
*靴鞋零件、护腿及类似品*劳保用品费			1	3097.35	3097.35	13%	402.65
合　　计					3097.35		402.65
价税合计（大写）	⊗叁仟伍佰圆整				（小写）￥3500.00		

销售方	名　　称：青年路百货 纳税人识别号：91370101228642I3H5 地 址、电 话：玉山市青年路26号0535-7292567 开户行及账号：中国银行玉山路分理处102451010018	备注	青年路百货 91370101228642I3H5 发票专用章

收款人：林晓　　复核：王璐　　开票人：陈晨　　销售方：（章）

烟阳证券印制有限公司·2019年印制

附加信息	被背书人：	被背书人：
	背书人签章 年　月　日	背书人签章 年　月　日

（贴粘单处）

根据《中华人民共和国票据法》等法律法规的规定，签发空头支票由中国人民银行处以票面金额5%但不低于1 000元的罚款。

凭证 6-3

中国工商银行
转账支票存根
10203720
00154635

附加信息

出票日期 2020 年 12 月 11 日
收款人：人民出版社（山东）
金额：￥1 350.00
用途：报刊费
单位主管 王一明　会计 张丰

烟阳证券印制有限公司·2019年印制

中国工商银行　转账支票　10203720　00154635

出票日期(大写)　贰零贰零年壹拾贰月壹拾壹日　付款行名称：青年路支行

收款人：人民出版社（山东）　出票人账号：1606021909223456601

付款期限自出票之日起十天

人民币(大写)	亿	千	百	十	万	千	百	十	元	角	分
壹仟叁佰伍拾元整					¥	1	3	5	0	0	0

用途 报刊费
上列款项请从
我账户内支付
出票人签章

密码 5930 3870 2384 0290
行号 102451013500

复核　记账

建丰糕点厂 财务专用章　王明一印

凭证 6-4

3700204130　山东增值税专用发票　No 02769245　3700204130　02769245

发票联

开票日期：2020年12月11日

购买方	名称：建丰糕点厂 纳税人识别号：913706628345100866 地址、电话：玉山市青年路27号0532-6915129 开户行及账号：工商银行玉山青年路支行1606021909223456601	密码区	1<6<6>**580331/373>67<599<< ++8+505>4-<+>/0<38+70/420/> 09>>+-*93+>6401/3/4541*2<-3 -*2+88++5/320+6+*<2<>0+19<7

货物或应税劳务、服务名称	规格型号	单位	数量	单价	金额	税率	税额
*有刊号图书、报纸、期刊类印刷品*报刊费			1	1238.53	1238.53	9%	111.47
合计					1238.53		111.47
价税合计（大写）	⊗壹仟叁佰伍拾圆整				（小写）¥1350.00		

销售方	名称：人民出版社（山东） 纳税人识别号：9137010100121325J 地址、电话：济南市历山路26号0531-7292567 开户行及账号：中国银行历山路支行102451013500	备注	人民出版社（山东） 9137010100121325J 发票专用章

收款人：刘元　复核：钱玉莲　开票人：陈静　销售方：（章）

第三联：发票联　购买方记账凭证

附加信息	被背书人：	被背书人：
	背书人签章 年　月　日	背书人签章 年　月　日

（贴粘单处）

根据《中华人民共和国票据法》等法律法规的规定，签发空头支票由中国人民银行处以票面金额 5% 但不低于1 000元的罚款。

烟阳证券印制有限公司·2019年印制

凭证 7

领　　料　　单　　No. 202012004

领料部门：生产车间　　2020年12月15日

领料用途：20201215批号领用

材料名称	规格	单位	数量		成本	
			请领	实发	单价	总价
中筋面粉		袋	2 000	2 000		
白糖		袋	2 000	2 000		
食用油		桶	1 000	1 000		
鸡蛋		千克	1 000	1 000		
合　计						

第二联：记账联

领料主管：李丽　　会计：张文　　发料人：钱浩　　领料人：吴宇

凭证 8

内部交库单　　No. N2012001

交货部门：生产车间　　2020年12月16日

材料名称	批号	单位	数量		单价	金额	运杂费	总价
			凭证	实收				
蛋糕	20201125	千克	10 000	10 000				
合　计								

记账联

仓库主管：刘玉　　会计：张文　　仓库验收：张晓　　交库人：李丽

凭证 9

费　用　报　销　单

No. 987701

所属部门：运输队　　2020年12月20日

摘　要	金额 千	百	十	万	千	百	十	元	角	分	备注	
汽油费						6	0	0	0	0		
											领导审批	同意 王一明
合　计					¥	6	0	0	0	0		

附件 3 张

金额大写：人民币陆佰元整　原借款：¥0.00 补（退）款：¥600.00

现金付讫

会计主管：张丰　复核：王子　出纳：李豆　报销人：刘通

凭证 10-1

收　　据

No. 20200209

2020年12月21日

今 收 到

建丰糕点厂 交来 维修费 款

人民币（大写） 叁仟元整

（小写） ¥3 000.00

现金收讫

收款人： 杨胜利

第二联：收据联

凭证 10-2

中国工商银行
现金支票存根
10203710
00151200

附加信息

出票日期 2020 年 12 月 21 日
收款人：杨胜利
金额：￥3 000.00
用途：维修费
单位主管 王一明　会计 张丰

烟阳证券印制有限公司·2019年印制

中国工商银行　现金支票　10203710 00151200

出票日期(大写)　贰零贰零年壹拾贰月贰拾壹日　付款行名称：青年路支行

收款人：杨胜利　出票人账号：1606021909223456601

付款期限自出票之日起十天

人民币(大写)	亿	千	百	十	万	千	百	十	元	角	分
叁仟元整					￥	3	0	0	0	0	0

用途 维修费　密码 1233 3289 0084 2360

上列款项请从
我账户内支付
出票人签章

惠丰糕点厂 财务专用章　王明一印

复核　记账

凭证 11

内部交库单　No. N2012002

交货部门：生产车间　2020年12月28日

材料名称	批号	单位	数量		单价	金额	运杂费	总价
			凭证	实收				
桃酥	20201203	千克	80 000	80 000				
合　计								

记账联

仓库主管：刘玉　会计：张文　仓库验收：张晓　交库人：李丽

烟阳证券印制有限公司·2019年印制

附加信息	收款人签章 年 月 日
	身份证件名称： 发证机关：
	号码

（贴粘单处）

根据《中华人民共和国票据法》等法律法规的规定，签发空头支票由中国人民银行处以票面金额 5% 但不低于1 000元的罚款。

凭证 12

建丰糕点厂存货计价表

2020年12月

金额单位：元

材料类别	品种	单位	期初结存			本月收入			平均单价
			数量	单价	金额	数量	单价	金额	
原料及主要材料	低筋面粉	袋							
	中筋面粉	袋							
	食用油	桶							
	白糖	袋							
	鸡蛋	千克							
	果仁	千克							
周转材料	小苏打	包							
	泡打粉	包							
	食品添加剂	包							

复核：　　　　制单：

凭证 13

建丰糕点厂材料领用汇总表

2020年12月

受益单位 / 材料类别			生产车间					合计
			20201125批次	20201130批次	20201203批次	20201215批次	一般耗用	
原料及主要材料	低筋面粉	数量（袋）						
		金额（元）						
	中筋面粉	数量（袋）						
		金额（元）						
	食用油	数量（桶）						
		金额（元）						
	白糖	数量（袋）						
		金额（元）						
	鸡蛋	数量（千克）						
		金额（元）						
	果仁	数量（千克）						
		金额（元）						
周转材料和辅助材料	小苏打	数量（包）						
		金额（元）						
	泡打粉	数量（包）						
		金额（元）						
	食品添加剂	数量（包）						
		金额（元）						
合计（元）								

复核：　　　　制单：

凭证 14-1（注：车间主任职工薪酬计入“制造费用”；工人职工薪酬计入“生产成本”；管理部、财务部人员职工薪酬计入“管理费用”；销售部人员职工薪酬计入“销售费用”）

建丰糕点厂职工薪酬汇总表

2020年12月

部门	职位	人员	应付工资				应付其他薪酬				合计
			基本工资	津贴	奖金	合计	福利费（14%）	保险金（4%）	住房公积金（5%）	合计	
生产车间	车间主任	李丽	3 000.00	1 200.00	800.00	5 000.00	700.00	200.00	250.00	1 150.00	6 150.00
生产车间	工人	杨毅等	50 000.00	4 000.00	6 000.00	60 000.00	8 400.00	2 400.00	3 000.00	13 800.00	73 800.00
运输队	队长	刘通	2 000.00	800.00	500.00	3 500.00	490.00	140.00	175.00	805.00	4 305.00
运输队	工人	赵宁	2 800.00	2 000.00	400.00	4 000.00	560.00	160.00	200.00	920.00	4 920.00
管理部	厂长	王一明	6 000.00	1 200.00	3 000.00	11 000.00	1 540.00	440.00	550.00	2 530.00	13 530.00
管理部	职员	赵飞	5 000.00	5 000.00	600.00	6 800.00	952.00	272.00	340.00	1 564.00	8 364.00
管理部	库管	刘玉等	20 000.00	1 800.00	2 000.00	27 000.00	3 780.00	1 080.00	1 350.00	6 210.00	33 210.00
销售部	科长	季林	4 000.00	1 600.00	2 000.00	7 800.00	1 092.00	312.00	390.00	1 794.00	9 594.00
销售部	销售员	王锰	3 000.00	1 000.00	2 500.00	7 100.00	994.00	284.00	355.00	1 633.00	8 733.00
财务部	主管	张丰一	4 000.00	2 000.00	800.00	6 800.00	952.00	272.00	340.00	1 564.00	8 364.00
财务部	会计	张文	3 000.00	500.00	600.00	4 100.00	574.00	164.00	205.00	943.00	5 043.00
财务部	会计	王子	3 000.00	500.00	600.00	4 100.00	574.00	164.00	205.00	943.00	5 043.00
财务部	出纳	李豆	2 800.00	500.00	600.00	3 900.00	546.00	156.00	195.00	897.00	4 797.00
合计			108 600.00	22 100.00	20 400.00	151 100.00	21 154.00	6 044.00	7 555.00	34 753.00	185 853.00

财务负责人：　　　　复核：　　　　制单：

凭证 14-2（注：该原始凭证请进行直接薪酬费用的分配并填写完整）

建丰糕点厂职工薪酬分配表

2020年12月　　　　金额单位：元

车间名称	产品名称（批次）	生产工时	分配率	应分配薪酬
生产车间	20201125			
	20201130			
	20201203			
	20201215			
合计				

复核：　　　　制表：

凭证 15(注:该原始凭证请根据折旧率计算并填写完整)

建丰糕点厂固定资产折旧计提单

2020年12月　　　　金额单位:元

使用部门	固定资产项目	固定资产原值	月折旧率	本月应计提折旧额
生产车间	建筑物	6 000 000	0.50%	
	机器设备	3 500 000	1.50%	
	小计	9 500 000		
运输队	建筑物	470 000	0.50%	
	车辆设备	1 000 000	1.50%	
	小计	1 470 000		
管理部	建筑物	4 500 000	0.50%	
	办公设备	200 000	1.50%	
	小计	4 700 000		
销售部	建筑物	650 000	0.50%	
	办公设备	200 000	1.50%	
	小计	850 000		

复核:　　　　制表:

凭证 16(注:该原始凭证请根据水电费单价计算填写)

建丰糕点厂水电费分配表

2020年12月　　　　金额单位:元

使用部门	水费		电费		合计
	数量(吨)	金额	数量(千瓦时)	金额	
生产车间	150		16 000		
运输队	5		300		
管理部	14		550		
销售部	12		450		
合计	181		17 300		

审核:　　　　制单:

凭证 17(注:该原始凭证请使用直接分配法进行分配并填写完整)

辅助生产成本分配表

2020年12月　　金额单位：元

受益对象	运输劳务（吨×千米）	分配运输费
生产车间	500.00	
管理部	245.00	
销售部	2 002.55	
合计	2 747.55	

审核：　　制单：

凭证 18(注:该原始凭证请计算分配制造费用并填写完整)

制造费用分配表

2020年12月　　金额单位：元

车间	产品批次	实际工时（小时）	分配金额
生产车间	20201125		
	20201130		
	20201203		
	20201215		
	合计		

审核：　　制单：

凭证 19-1（注：该原始凭证请根据期初资料、生产成本明细账的数据填写，如需分配请填写完整）

产品成本计算单

车间：生产车间　　　　2020年12月31日

产品批次：20201125　　　　金额单位：元

摘　　要	直接材料	直接人工	制造费用	合计
月初在产品成本				
本月费用				
合计				
完工产品成本				
完工产品单位成本				

复核：　　　　制单：

凭证 19-2（注：该原始凭证请根据期初资料、生产成本明细账的数据填写，如需分配请填写完整）

产品成本计算单

车间：生产车间　　　　2020年12月31日

产品批次：20201130　　　　金额单位：元

摘　　要	直接材料	直接人工	制造费用	合计
月初在产品成本				
本月费用				
合计				
完工产品成本				
月末在产品成本				

复核：　　　　制单：

凭证 19-3(注:该原始凭证请根据期初资料、生产成本明细账的数据填写,如需分配请填写完整)

产品成本计算单

车间：生产车间　　　　2020年12月31日

产品批次：20201203　　　　金额单位：元

摘　　要	直接材料	直接人工	制造费用	合计
月初在产品成本				
本月费用				
合计				
完工产品成本				
完工产品单位成本				

复核：　　　　制单：

凭证 19-4(注:该原始凭证请根据期初资料、生产成本明细账的数据填写,如需分配请填写完整)

产品成本计算单

车间：生产车间　　　　2020年12月31日

产品批次：20201215　　　　金额单位：元

摘　　要	直接材料	直接人工	制造费用	合计
月初在产品成本				
本月费用				
合计				
完工产品成本				
月末在产品成本				

复核：　　　　制单：

第四篇　分步法的核算

一、企业经济类型及生产特点

山东珠顺内衣有限公司是山东省烟阳市一家生产各种背心的国有企业，位于莱顺区港城路，注册资本为人民币 5 000 万元。该公司主要从事普通背心和精品背心的生产，设有裁剪、缝纫和成衣三个基本生产车间；机修车间和运输队两个辅助生产车间，主要负责公司设备的修理和企业运输服务，设有一个仓库存放各种材料、自制半成品和产成品等。

企业的基本信息如下：

名称：山东珠顺内衣有限公司

开户银行及账号：中国银行莱顺区港城路支行　　102451013173

纳税人识别号：91370662922131069A

地址、电话：烟阳市莱顺区港城路 100 号　　(0535)6915129

企业生产的普通背心和精品背心的生产流程相同，其主要区别在于用料不同、包装程度不同，生产流程相同。企业使用分步法对产品成本进行核算。企业的生产流程为，首先由裁剪车间，将面料及其他材料按排料、划样要求剪切成衣片，经检验合格后将裁片直接送交缝纫车间；缝纫车间按不同的款式要求，通过合理的缝合，把各衣片组合成背心半成品经检验后，送交自制半成品仓库；成衣车间从仓库领用半成品背心后，经过熨烫处理、成衣品质、商标包装等工序，经检验合格后送交成品仓库。企业的生产流程如图 4-1 所示。

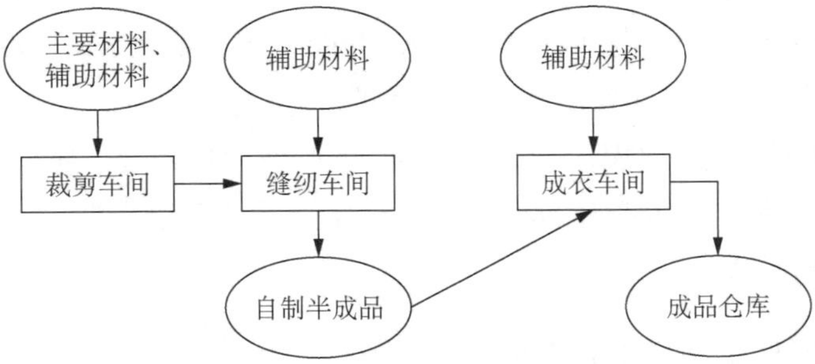

图 4-1　山东珠顺内衣有限公司生产流程图

二、企业财务核算制度及说明

(一) 存货核算

(1) 材料存货日常核算采用实际成本法计价。材料的成本由全月一次加权平均法进行核算,发出材料的成本于月末统一编制"领料凭证汇总表"汇总计算,并于月末一次结转。

(2) 企业低值易耗品包括缝纫线、包装袋、标签、水洗唛、工具、机油和量具等,采用一次摊销法进行核算。

(3) 低值易耗品如工具和量具,均采用一次摊销法进行摊销。

(4) 企业的自制半成品包括裁剪车间生产的半成品裁片和缝纫车间生产的半成品背心。其中半成品裁片直接由裁剪车间移交缝纫车间,使用实际成本结转。半成品背心生产完毕后统一入库,使用"自制半成品"账户进行核算,其日常收发按照实际成本计价,采用全月一次加权平均法计算。

(5) 企业的完工产成品使用"库存商品"账户核算,按实际成本法计价,使用全月一次加权平均法计算。

(二) 产品成本核算方法

(1) 企业生产采用分步法进行产品成本核算,半成品按综合成本逐步结转,采用逐步结转分步法的综合结转方法进行核算,由厂内核算管理要求,对产成品成本需进行成本还原。

(2) 企业成本核算设置的成本项目有:直接材料、自制半成品、直接人工和制造费用。

(3) 裁剪车间以半成品裁片为成本核算对象,主要生产普通背心半成品裁片和精品背心半成品裁片,各种裁片的成本按照综合结转的方法,直接由裁剪车间通过"半成品交接单",以实际成本综合转入缝纫车间继续生产。

(4) 缝纫车间以半成品背心的成本核算对象,主要生产普通背心半成品和精品背心半成品,半成品背心完工后采用实际综合结转的方法,通过"自制半成品"账户进行核算。裁剪车间加工完毕后办理完工入库手续,交由仓库保管,并由仓库进行存货的日常核算和盘点,成衣车间通过"领料单"领用自制半成品背心继续生产。

(5) 企业的机修车间和运输队仅设置"辅助生产成本"明细账,不设置制造费用明细账核算,二者为提供劳务发生的间接费用计入"辅助生产成本"账户。机修车间和运输队发生的费用按照计划成本法在各受益部门之间进行分配。

(6) 企业月末既有完工产品又有在产品的,生产费用按约当产量法分配。其中直接材料、自制半成品在每步骤生产开始时一次投入,直接人工和制造费用等加工费用在产品的完工程度按 50%计算。

三、企业 2020 年 12 月份核算资料

(一) 期初资料

山东珠顺内衣有限公司的相关期初资料如表 4-1 和表 4-2 所示。

表 4-1

山东珠顺内衣有限公司在产品成本表

2020 年 12 月 1 日　　金额单位:元

成本项目		直接材料	半成品	直接人工	制造费用	合计
裁剪车间	普通背心	2 000.00	—	9 380.00	2 568.25	13 950.25
	精品背心	1 500.00	—	15 660.00	2 977.75	20 151.75
缝纫车间	普通背心	100.00	1 000.00	4 736.00	651.00	6 487.00
	精品背心	300.00	15 000.00	8 944.00	11 604.00	35 848.00
成衣车间	普通背心	1 640.00	30 000.00	8 492.00	12 650.00	52 782.00
	精品背心	720.00	10 200.00	4 788.00	3 075.00	18 783.00

表 4-2

山东珠顺内衣有限公司存货结存表

2020 年 12 月 1 日　　金额单位:元

材料类别	品种	单位	数量	单价	金额
原料及主要材料	针织棉布	匹	200	1 050.00	210 000.00
	精梳棉布	匹	100	2 340.00	234 000.00
	包边条	卷	800	5.40	4 320.00
	定制螺纹	匹	300	3 500.00	1 050 000.00
周转材料	缝纫线	卷	340	4.00	1 360.00
	包装袋	包	100	12.00	1 200.00
	包装盒	箱	50	25.00	1 250.00
	标签	包	400	20.00	8 000.00
	水洗唛	包	400	30.00	12 000.00
	工具	套	50	20.00	1 000.00
	机油	升	50	10.00	500.00
	量具	套	120	25.00	3 000.00
自制半成品	普通背心半成品	件	20 000	7.20	144 000.00
	精品背心半成品	件	10 000	9.825	98 250.00

(二) 生产资料

山东珠顺内衣有限公司本月生产资料如表 4-3 和表 4-4 所示。

表 4-3

山东珠顺内衣有限公司车间生产数量资料

2020 年 12 月 单位:件

产品及车间		裁剪车间	缝纫车间	成衣车间
普通背心	月初在产数量	20 000	10 000	5 000
	本月投产数量	10 000	10 000	30 000
	本月产品数量	20 000	20 000	20 000
	月末在产数量	10 000	0	15 000
精品背心	月初在产数量	10 000	10 000	2 000
	本月投产数量	50 000	30 000	40 000
	本月产品数量	30 000	30 000	32 000
	月末在产数量	30 000	10 000	10 000

表 4-4

山东珠顺内衣有限公司生产工时单

2020 年 12 月 单位:小时

车间名称	产品名称	生产工时
裁剪车间	普通背心	2 000
	精品背心	14 000
	小计	16 000
缝纫车间	普通背心	4 000
	精品背心	16 000
	小计	20 000
成衣车间	普通背心	4 000
	精品背心	6 000
	小计	10 000

(三) 定额和比较资料

山东珠顺内衣有限公司生产有关定额及比较资料表 4-5 至表 4-7 所示。

表 4-5

每千件背心所耗直接材料定额

使用部门	材料名称	普通背心	精品背心	备注
裁剪车间	针织棉布	1 匹		
	精梳棉布		1 匹	
	定制螺纹	0.5 匹	0.5 匹	

（续表）

使用部门	材料名称	普通背心	精品背心	备注
缝纫车间	包边条	50 盘	50 盘	
成衣车间	水洗唛	1 包	1 包	
	包装袋	1 包	2 包	
	包装盒		1 箱	
	标签	1 包	1 包	

表 4-6

普通背心单位成本资料

单位:元/件

成本项目	历史先进水平	上年实际平均	本年计划	本年 1～11 月实际
直接材料	1.2	1.45	1.4	1.42
直接人工	3	3.25	3.2	3.3
制造费用	5.6	4.6	4.8	4.5
产品成本合计	9.8	9.3	9.4	9.22
主要技术经济指标（单位:匹/千件）	耗用量	耗用量	耗用量	耗用量
1. 针织棉布	0.96	1.14	1	1
2. 定制螺纹	0.5	0.5	0.5	0.5

表 4-7

精品背心单位成本资料

单位:元/件

成本项目	历史先进水平	上年实际平均	本年计划	本年 1～11 月实际
直接材料	3.32	3.5	3.4	3.32
直接人工	5	5.24	5.1	5.32
制造费用	3.08	3.86	3.7	4.06
产品成本合计	11.4	12.6	12.2	12.7
主要技术经济指标（单位:匹/千件）	耗用量	耗用量	耗用量	耗用量
1. 精梳棉布	0.9	1.2	1	1
2. 定制螺纹	0.43	0.625	0.5	0.5

（四）2020 年 12 月份发生的经济业务

山东珠顺内衣有限公司 2020 年 12 月份发生的经济业务如下（为简化核算，除业务给出增值税资料外，其他均不考虑增值税因素）：

(1) 1 日,裁剪车间投产普通背心 10 000 件,精品背心 20 000 件,根据材料消耗定额领用仓库材料。

(2) 3 日,裁剪、缝纫和成衣车间领用量具和工具若干,机修车间领用机油 10 升,管理部领用量具若干。

(3) 3 日,采购入库材料一批,收到增值税专用发票。

(4) 4 日,成衣车间领用标签、水洗唛,包装袋等一批。

(5) 6 日,缝纫车间领用缝纫线 300 卷,包边条 1 500 盘。(其中缝纫线作为周转材料,一次摊销计入"制造费用",包边条按定额比例在两种产品间分配,下同)

(6) 8 日,销售部王牧出差与超市商谈销售事宜,根据报销单据进行费用报销,以现金付讫。

(7) 10 日,裁剪车间生产普通背心、精品背心半成品若干,根据半成品转移单交缝纫车间继续生产。

(8) 10 日,缝纫车间领用包边条 500 盘。

(9) 11 日,用银行存款支付裁剪、缝纫、成衣车间、修理车间和运输队劳保费用,管理部报刊费等。

(10) 12 日,管理部陈圆出差参加服装业交流会,根据报销单据进行费用报销。

(11) 15 日,运输队陈玉报销运输汽油费用 1 200 元,粘贴汽油票 5 张(略),以现金付讫。

(12) 16 日,缝纫车间完工入库半成品一批,根据入库单交仓库存放,通过"自制半成品"科目进行核算。

(13) 20 日,裁剪、缝纫、成衣、机修车间和运输队领用机油。

(14) 20 日,成衣车间领用普通背心半成品和精品背心半成品若干。

(15) 21 日,用银行存款支付机修车间修理配件费。

(16) 22 日,裁剪车间投产精品背心 30 000 件,根据材料消耗定额领用仓库材料。

(17) 24 日,采购入库材料一批,收到增值税专用发票,货款未付。

(18) 28 日,成衣车间完工入库产成品若干。

(19) 31 日,采用全月一次加权平均法计算材料的成本,填写"存货计价表"并计算平均单价。

(20) 31 日,汇总本月仓库的领料单,编制"材料领用汇总表"并做账务处理。

(21) 31 日,根据本月"职工薪酬汇总表",分配并结转各步骤产品的薪酬费用,填写"职工薪酬分配表"并做账务处理。

(22) 31 日,计提各车间部门固定资产折旧费。

(23) 31 日,摊销运输队及内衣厂管理部门车辆保险费。

(24) 31 日,按照各车间的水电费消耗数量分配本月发生的水费和电费,贷方为"应付账款"科目。由于月末该月水电费单据未到,采用暂估方法核算水电费。根据山东省工业用水、电标准,水费以 4.9 元每吨暂估,电费以 0.92 元每千瓦时暂估。

(25) 31 日，根据机修车间和运输车间提供劳务情况，采用计划成本分配法分配辅助生产车间的费用并做账务处理。其中，维修费的计划成本为 100 元/小时，运输费的计划成本为 1 元/吨×千米。(其中各基本生产车间发生的维修费通过“管理费用”核算)

(26) 31 日，分配各车间的制造费用并做账务处理。

(27) 31 日，分配裁剪车间的半成品的生产成本并做账务处理。

(28) 31 日，分配缝纫车间的半成品的生产成本并做账务处理。

(29) 31 日，根据“自制半成品”明细账内容核算本月成衣车间领用自制半成品的成本并做账务处理。

(30) 31 日，分配成衣车间的产成品的生产成本，编制产成品成本汇总表并做账务处理。

(31) 31 日，进行成本还原，并编制成本报表。

四、原始凭证

凭证 1-1（注：该原始凭证请根据材料领用定额资料填写完整）

领　　料　　单　　　No.　2012001

领料部门：裁剪车间　　　2020年12月1日

领料用途：生产普通背心

材料名称	规格	单位	数量		成本	
			请领	实发	单价	总价
合　计						

第二联：记账联

领料主管：王亭　　会计：刘一　　发料人：刘路　　领料人：陈中

凭证 1-2（注：该原始凭证请根据材料领用定额资料填写完整）

领　　料　　单　　　No.　2012002

领料部门：裁剪车间　　　2020年12月1日

领料用途：生产精品背心

材料名称	规格	单位	数量		成本	
			请领	实发	单价	总价
合　计						

第二联：记账联

领料主管：王亭　　会计：刘一　　发料人：刘路　　领料人：王洋

凭证 2-1

领　　料　　单　　No. 2012003

领料部门：裁剪车间　　2020年12月3日

领料用途：车间一般耗用

材料名称	规格	单位	数量		成本	
			请领	实发	单价	总价
量具		套	30	30		
合　计						

第二联：记账联

领料主管：王亭　　会计：刘一　　发料人：刘路　　领料人：王洋

凭证 2-2

领　　料　　单　　No. 2012004

领料部门：缝纫车间　　2020年12月3日

领料用途：车间一般耗用

材料名称	规格	单位	数量		成本	
			请领	实发	单价	总价
量具		套	50	50		
工具		套	30	30		
合　计						

第二联：记账联

领料主管：张一丰　　会计：刘一　　发料人：杨树　　领料人：赵成

凭证 2-3

领　　料　　单

No.　2012005

领料部门：成衣车间　　　2020年12月3日

领料用途：车间一般耗用

材料名称	规格	单位	数量		成本	
			请领	实发	单价	总价
量具		套	30	30		
工具		套	10	10		
合　计						

第二联：记账联

领料主管：刘大为　　会计：刘一　　发料人：杨树　　领料人：刘也

凭证 2-4

领　　料　　单

No.　2012006

领料部门：机修车间　　　2020年12月3日

领料用途：车间一般耗用

材料名称	规格	单位	数量		成本	
			请领	实发	单价	总价
机油		升	10	10		
合　计						

第二联：记账联

领料主管：宋恩民　　会计：刘一　　发料人：刘路　　领料人：王都

凭证 2-5

领　　料　　单　　　　No. 2012007

领料部门：管理部　　　　2020年12月3日

领料用途：检验与设计

材料名称	规格	单位	数量		成本	
			请领	实发	单价	总价
量具		套	5	5		
合　计						

第二联：记账联

领料主管：刘丰义　　会计：刘一　　发料人：杨树　　领料人：陈圆

凭证 3-1

中国银行
转账支票存根
10403720
01530230

附加信息

出票日期 2020 年 12 月 03 日
收款人：长宁市服装材料厂
金额：￥295 269.00
用途：购材料款
单位主管 王小天　会计 刘　一

烟阳证券印制有限公司・2019年印制

中国银行　转账支票　10403720　01530230

出票日期(大写)　贰零贰零年壹拾贰月零叁日　付款行名称：莱顺区港城路支行

收款人：长宁市服装材料厂　　出票人账号：102451013173

本支票付款期限自出票之日起十天

人民币（大写）	亿	千	百	十	万	千	百	十	元	角	分
贰拾玖万伍仟贰佰陆拾玖元整			￥	2	9	5	2	6	9	0	0

用途　购材料款
上列款项请从
我账户内支付
出票人签章

密码　5930 3870 2384 0290
行号　1606021909221200989

复核　　记账

山东森顺内衣有限责任公司 财务专用章

刘义丰印

附加信息	被背书人：	被背书人：
	背书人签章 年　月　日	背书人签章 年　月　日

（贴粘单处）

根据《中华人民共和国票据法》等法律法规的规定，签发空头支票由中国人民银行处以票面金额 5% 但不低于1 000元的罚款。

烟阳证券印制有限公司·2019年印制

凭证 3-2

入 库 单 No. R20121001

发货单位：长宁市服装材料厂 2020年12月3日

材料名称	规格	单位	数量		单价	金额	运杂费	总价
			凭证	实收				
精梳棉布	1A	匹	100	100	2 500.00	250 000.00	_	250 000.00
包边条		盘	1 000	1 000	6.00	6 000.00	_	6 000.00
合 计						256 000.00	_	256 000.00

记账联

仓库主管：林丰 会计：刘一 仓库验收：杨树 采购员：张宇

凭证 3-3

入 库 单 No. R20121002

发货单位：长宁市服装材料厂 2020年12月3日

材料名称	规格	单位	数量		单价	金额	运杂费	总价
			凭证	实收				
工具		套	100	100	17.00	1 700.00	_	1 700.00
量具		套	100	100	36.00	3 600.00	_	3 600.00
合 计						5 300.00	_	5 300.00

记账联

仓库主管：林丰 会计：刘一 仓库验收：杨树 采购员：张宇

凭证 3-4

3700202130　山东增值税专用发票　No 06860124　3700202130 06860124

发票联

开票日期：2020年12月03日

购买方	名　　称：山东珠顺内衣有限公司 纳税人识别号：91370662922131069A 地 址、电 话：烟阳市莱顺区港城路100号0535-6915129 开户行及账号：中国银行莱顺区港城路支行102451013173	密码区	1<6<6>**580331/373>67<599<< ++8+505>4-<+>/0<38+70/420/> 09>>+-*93+>6401/3/4541*2<-3 -*2+88++5/320+6+*<2<>0+19<7	

货物或应税劳务、服务名称	规格型号	单位	数量	单价	金额	税率	税额
*针织、编织物*精梳棉		匹	100	2500.00	250000.00	13%	32500.00
*针织、编织物*包边条		匹	1000	6.00	6000.00	13%	780.00
*剪刀及类似品*工具		套	100	17.00	1700.00	13%	221.00
*绘图工具*量具		套	100	36.00	3600.00	13%	468.00
合　　计					261300.00		33969.00
价税合计（大写）	⊗贰拾玖万伍仟贰佰陆拾玖圆整				（小写）¥295269.00		

销售方	名　　称：长宁市服装材料厂 纳税人识别号：91370101322121004E 地 址、电 话：山东省长宁市经十路12号0532-7226378 开户行及账号：工商银行经十路支行1606021909221200989	备注	长宁市服装材料厂 91370101322121004E 发票专用章

收款人：王长宁　　复核：肖婉婉　　开票人：王华　　销售方：（章）

第三联：发票联　购买方记账凭证

凭证 4-1

领　　料　　单　　No. 2012008

领料部门：成衣车间　　2020年12月3日

领料用途：投产普通背心

材料名称	规格	单位	数量		成本	
			请领	实发	单价	总价
标签		包	30	30		
水洗唛		包	30	30		
包装袋		包	30	30		
合　计						

第二联：记账联

领料主管：刘大为　　会计：刘一　　发料人：刘路　　领料人：刘也

凭证 4-2

领　　料　　单　　No. 2012009

领料部门：成衣车间　　2020年12月3日

领料用途：投产精品背心

材料名称	规格	单位	数量		成本	
			请领	实发	单价	总价
标签		包	40	40		
水洗唛		包	40	40		
包装袋		包	40	40		
包装盒		箱	40	40		
合　计						

第二联：记账联

领料主管：刘大为　　会计：刘一　　发料人：刘路　　领料人：刘也

凭证 5

领　　料　　单　　No. 2012010

领料部门：缝纫车间　　2020年12月3日

领料用途：生产两种背心

材料名称	规格	单位	数量		成本	
			请领	实发	单价	总价
缝纫线		卷	300	300		
包边条		盘	1 500	1 500		
合　计						

第二联：记账联

领料主管：张一丰　　会计：刘一　　发料人：杨树　　领料人：赵成

凭证 6-1

出 差 申 请 单

NO：A20190601

2020年12月5日

出差单位	销售部	出差人	王牧	职务	销售员	出差地点	临县
						出差时间	2天
出差事由	与临县超市洽谈业务			经费预算金额（大写）		壹仟元整	
部门负责人批示	同意			出差人签章		王牧	其他事项：无
部门负责人签章	张春晖			财务负责人审核意见		同意　王小天	

凭证 6-2（注：城市间交通费发票、住宿费发票略去）

差旅费报销单

日期：2020年12月8日

出差人姓名	王牧			所属部门	销售部			
出差地点	临县			起止日期	自12月5日至12月7日，共2天			
出差事由	与临县超市洽谈业务。							
交通及住宿费：种类	单据张数	开支金额	核准金额	出差补助费：种类	天数	标准	金额	
城市间交通费	4	280.00	280.00	伙食补贴	2	100.00	200.00	
住宿费	1	200.00	200.00	公杂补贴	2	60.00	120.00	
小计		480.00	480.00	小计			320.00	
金额合计	（大写）捌佰元整				现金付讫		¥800.00	
报销结算情况	原出差借款	¥0.00		报销金额	¥800.00			
	退回金额	0.00		补发金额	¥800.00			

经办人：王牧　部门经理：张春晖　财务经理：王小天　总经理：刘丰义　出纳：张彩凤

凭证 7

内部半成品交接单

No. J01908

交货车间：裁剪车间　　　　2020年12月10日

收货车间：缝纫车间

品名	规格型号	生产批号	单位	请发数量	实发数量	流转编号	备注
普通裁片	A11	20181133	套	20 000	20 000	1201	
精品裁片	B12	20181204	套	30 000	30 000	1202	
合计							

记账联

发货主管：王亭　　收货主管：张一丰　　会计：刘一　　质检：赵成

凭证 8

领　料　单

No. 2012011

领料部门：缝纫车间　　2020年12月10日

领料用途：生产两种背心

材料名称	规格	单位	数量		成本	
			请领	实发	单价	总价
包边条		盘	500	500		
合　计						

第二联：记账联

领料主管：张一丰　　会计：刘一　　发料人：杨树　　领料人：赵成

凭证 9-1

中国银行
转账支票存根
10403720
01530232
附加信息

出票日期 2020 年 12 月 11 日
收款人：烟来百货公司
金额：￥2 100.00
用途：劳保费
单位主管 王小天　会计 刘一

烟阳证券印制有限公司·2019年印制

中国银行　转账支票　10403720　01530232

出票日期(大写)　贰零贰零年壹拾贰月壹拾壹日　付款行名称：莱顺区港城路支行

收款人：烟来百货公司　出票人账号：102451013173

人民币(大写)　贰仟壹佰元整　￥2 1 0 0 0 0

用途　劳保费
上列款项请从我账户内支付
出票人签章

付款期限自出票之日起十天

密码　1830 3244 2004 0129
行号　102451010018
复核　记账

凭证 9-2

山东增值税电子普通发票

发票代码：037002000111
发票号码：36701292
开票日期：2020年12月11日
校验码：23422 17637 23749 23881

购买方	名　称：山东珠顺内衣有限公司 纳税人识别号：91370662922131069A 地址、电话：烟阳市莱顺区港城路100号0535-6915129 开户行及账号：中国银行莱顺区港城路支行102451013173	密码区	1<6<6>**580331/373>67<599<< ++8+505>4-<+>/0<38+70/420/> 09>>+-*93+>6401/3/4541*2<-3 -*2+88++5/320+6+*<2<>0+19<7

货物或应税劳务、服务名称	规格型号	单位	数量	单价	金额	税率	税额
*靴鞋零件、护腿及类似品*劳保用品费			1	1858.41	1858.41	13%	241.59
合　计					1858.41		241.59
价税合计（大写）	⊗贰仟壹佰圆整				（小写）￥2100.00		

销售方	名　称：烟来百货公司 纳税人识别号：913701012282175 1H4 地址、电话：烟阳市烟来路26号0535-7292567 开户行及账号：中国银行烟来路分理处102451010018	备注	

收款人：王彦虎　复核：田甜　开票人：宋秋燕　销售方：（章）

烟阳证券印制有限公司·2019年印制

附加信息	被背书人：	被背书人：
	背书人签章 年 月 日	背书人签章 年 月 日

（贴粘单处）

根据《中华人民共和国票据法》等法律法规的规定，签发空头支票由中国人民银行处以票面金额 5% 但不低于1 000元的罚款。

凭证 9-3

中国银行

转账支票存根

10403720

01530231

附加信息

出票日期 2020年12月11日

收款人：人民出版社（山东）

金额：￥1,350.00

用途：报刊费

单位主管 王小天　会计 刘一

烟阳证券印制有限公司·2019年印制

中国银行　转账支票　10403720　01530231

出票日期(大写)　贰零贰零年壹拾贰月壹拾壹日　付款行名称：莱顺区港城路支行

收款人：人民出版社（山东）　出票人账号：102451013173

本支票付款期限自出票之日起十天

人民币(大写)	亿	千	百	十	万	千	百	十	元	角	分
壹仟叁佰伍拾元整					¥	1	3	5	0	0	0

用途　报刊费

上列款项请从我账户内支付

出票人签章

密码　3290 3230 1704 0289

行号　102451013500

复核　记账

凭证 9-4

3700202130　山东增值税专用发票　No 01983217　3700202130　01983217

发票联

开票日期：2020年12月11日

购买方		密码区	
名称：	山东珠顺内衣有限公司		1<6<6>**580331/373>67<599<<
纳税人识别号：	91370662922131069A		++8+505>4-<+>/0<38+70/420/>
地址、电话：	烟阳市莱顺区港城路100号0535-6915129		09>>+-*93+>6401/3/4541*2<-3
开户行及账号：	中国银行莱顺区港城路支行102451013173		-*2+88++5/320+6+*<2<>0+19<7

货物或应税劳务、服务名称	规格型号	单位	数量	单价	金额	税率	税额
*有刊号图书、报纸、期刊类印刷品*报刊费			1	1238.53	1238.53	9%	111.47
合　　计					1238.53		111.47
价税合计（大写）	⊗壹仟叁佰伍拾圆整				（小写）¥1350.00		

销售方		备注
名称：	人民出版社（山东）	
纳税人识别号：	9137010100121325J	
地址、电话：	济南市历山路26号0535-7292567	
开户行及账号：	中国银行历山路支行102451013500	

收款人：刘元　复核：钱玉莲　开票人：陈静　销售方：（章）

第三联：发票联　购买方记账凭证

烟阳证券印制有限公司·2019年印制

附加信息	被背书人：	被背书人：
	背书人签章 年 月 日	背书人签章 年 月 日

（贴粘单处）

根据《中华人民共和国票据法》等法律法规的规定，签发空头支票由中国人民银行处以票面金额 5% 但不低于1 000元的罚款。

凭证 9-5(注:该原始凭证请根据各车间、部门人数比例分配劳保费用填制)

劳保费用分配表

类别：劳保费　　2020年12月

车间名称	分配标准（人数）	分配率	应分配劳保费用
裁剪车间	6		
缝纫车间	6		
成衣车间	7		
机修车间	1		
运输队	1		
合计	21		

审核:　　制表:

凭证 10-1

出 差 申 请 单

NO：A20190602

2020年12月8日

出差单位	管理部	出差人	陈圆	职务	办公室	出差地点	上海
						出差时间	3天
出差事由	参加服装业交流会		经费预算金额（大写）	叁仟元整			
部门负责人批示	同意		出差人签章	陈圆	其他事项	无	
部门负责人签章	刘丰义		财务负责人审核意见	同意　王小天			

凭证 10-2

差旅费报销单

日期：2020年12月12日

出差人姓名		陈圆			所属部门		办公室		
出差地点		上海			起止日期		自12月9日至12月11日，共3天		
出差事由	参加服装业交流会								
交通及住宿费	种类	单据张数	开支金额	核准金额	出差补助费	种类	天数	标准	金额
	城市间交通费	2	1 240.00	1 240.00		伙食补贴	3	120.00	360.00
	住　宿　费	2	500.00	500.00		公杂补贴	3	100.00	300.00
	小　计		1 740.00	1 740.00		小计			660.00
金额合计		（大写）贰仟肆佰元整				现金付讫		￥2 400.00	
报销结算情况		原出差借款	￥0.00		报销金额	￥2 400.00			
		退回金额	0.00		补发金额	￥2 400.00			

经办人：陈圆　　部门经理：刘丰义　　财务经理：王小天　　总经理：刘丰义　　出纳：张彩凤

凭证 10-3

中国银行　现金支票存根

10403710
01532118

附加信息

出票日期 2020 年 12 月 12 日

收款人： 陈圆

金额： ￥2 400.00

用途： 报销款

单位主管 王小天　**会计** 刘　一

烟阳证券印制有限公司·2019年印制

中国银行　现金支票　10403710　01532118

出票日期(大写)　贰零贰零年壹拾贰月壹拾贰日　付款行名称：莱顺区港城路支行

收款人：陈圆　出票人账号：102451013173

人民币（大写）贰仟肆佰元整

亿	千	百	十	万	千	百	十	元	角	分
				￥	2	4	0	0	0	0

付款期限自出票之日起十天

用途　报销款

上列款项请从我账户内支付

出票人签章

密码　1223 8830 2984 0918

复核　　记账

山东莱顺内衣有限责任公司 财务专用章

刘丰义印

烟阳证券印制有限公司·2019年印制

附加信息	收款人签章 年　月　日
	身份证件名称：　　　　发证机关：
	号码

（贴粘单处）

根据《中华人民共和国票据法》等法律法规的规定，签发空头支票由中国人民银行处以票面金额 5% 但不低于1 000元的罚款。

凭证 11

费　用　报　销　单

No. 987701

报销部门：　　　　　　年　　月　　日

<table>
<tr><td rowspan="2">摘　　要</td><td colspan="10">金　　额</td><td rowspan="5">备注</td><td rowspan="5"></td><td rowspan="8">附件
张</td></tr>
<tr><td>千</td><td>百</td><td>十</td><td>万</td><td>千</td><td>百</td><td>十</td><td>元</td><td>角</td><td>分</td></tr>
<tr><td></td><td></td><td></td><td></td><td></td><td></td><td></td><td></td><td></td><td></td><td></td></tr>
<tr><td></td><td></td><td></td><td></td><td></td><td></td><td></td><td></td><td></td><td></td><td></td></tr>
<tr><td></td><td></td><td></td><td></td><td></td><td></td><td></td><td></td><td></td><td></td><td></td></tr>
<tr><td></td><td></td><td></td><td></td><td></td><td></td><td></td><td></td><td></td><td></td><td></td><td rowspan="4">领导审批</td><td rowspan="4"></td></tr>
<tr><td></td><td></td><td></td><td></td><td></td><td></td><td></td><td></td><td></td><td></td><td></td></tr>
<tr><td></td><td></td><td></td><td></td><td></td><td></td><td></td><td></td><td></td><td></td><td></td></tr>
<tr><td>合　　计</td><td></td><td></td><td></td><td></td><td></td><td></td><td></td><td></td><td></td><td></td><td></td></tr>
<tr><td colspan="14">金额大写：　　　　　　原借款：　　　　　补（退）款：</td></tr>
</table>

会计主管：　　　　复核：　　　　出纳：　　　　报销人：

凭证 12

内部交库单

No. N20121001

交库单位：缝纫车间　　　2020年12月16日

<table>
<tr><td rowspan="2">材料名称</td><td rowspan="2">规格</td><td rowspan="2">单位</td><td colspan="2">数量</td><td rowspan="2">单价</td><td rowspan="2">金额</td><td rowspan="2">运杂费</td><td rowspan="2">总价</td><td rowspan="6">记账联</td></tr>
<tr><td>凭证</td><td>实收</td></tr>
<tr><td colspan="2">精品背心半成品</td><td>件</td><td>30 000</td><td>30 000</td><td></td><td></td><td></td><td></td></tr>
<tr><td colspan="2">普通背心半成品</td><td>件</td><td>20 000</td><td>20 000</td><td></td><td></td><td></td><td></td></tr>
<tr><td></td><td></td><td></td><td></td><td></td><td></td><td></td><td></td><td></td></tr>
<tr><td></td><td></td><td></td><td></td><td></td><td></td><td></td><td></td><td></td></tr>
<tr><td>合　计</td><td></td><td></td><td></td><td></td><td></td><td></td><td></td><td></td><td></td></tr>
</table>

仓库主管：林丰　　　会计：刘一　　　仓库验收：杨树　　　交库人：张一丰

凭证 13-1

领　　料　　单　　No. 2012012

领料部门：裁剪车间　　2020年12月20日

领料用途：车间一般耗用

材料名称	规格	单位	数量		成本	
			请领	实发	单价	总价
机油		升	2	2		
合　计						

第二联：记账联

领料主管：王亭　　会计：刘一　　发料人：刘路　　领料人：王洋

凭证 13-2

领　　料　　单　　No. 2012013

领料部门：缝纫车间　　2020年12月20日

领料用途：车间一般耗用

材料名称	规格	单位	数量		成本	
			请领	实发	单价	总价
机油		升	5	5		
合　计						

第二联：记账联

领料主管：张一丰　　会计：刘一　　发料人：杨树　　领料人：赵成

凭证 13-3

领　　料　　单　　No. 2012014

领料部门：成衣车间　　2020年12月20日

领料用途：车间一般耗用

材料名称	规格	单位	数量		成本	
			请领	实发	单价	总价
机油		升	3	3		
合　计						

第二联：记账联

领料主管：刘大为　　会计：刘一　　发料人：刘路　　领料人：刘也

凭证 13-4

领　　料　　单　　No. 2012015

领料部门：机修车间　　2020年12月20日

领料用途：车间一般耗用

材料名称	规格	单位	数量		成本	
			请领	实发	单价	总价
机油		升	10	10		
合　计						

第二联：记账联

领料主管：宋思民　　会计：刘一　　发料人：刘路　　领料人：王都

凭证 13-5

领　料　单

No. 2012016

领料部门：运输队　　2020年12月20日

领料用途：一般耗用

材料名称	规格	单位	数量		成本	
			请领	实发	单价	总价
机油		升	12	12		
合　计						

第二联：记账联

领料主管：陈玉　　会计：刘一　　发料人：杨树　　领料人：陈玉

凭证 14

领　料　单

No. 2012017

领料部门：成衣车间　　2020年12月20日

领料用途：分别生产各种背心

材料名称	规格	单位	数量		成本	
			请领	实发	单价	总价
普通背心半成品		件	30 000	30 000		
精品背心半成品		件	40 000	40 000		
合　计						

第二联：记账联

领料主管：刘大为　　会计：刘一　　发料人：刘路　　领料人：刘也

凭证 15-1

中国银行

现金支票存根

10403710

01532119

附加信息

出票日期 2020 年 12 月 21 日

收款人：	真好零配件公司
金额：	￥1 000.00
用途：	配件费

单位主管 王小天 **会计** 刘一

中国银行　现金支票　10403710　01532119

出票日期(大写)　贰零贰零年壹拾贰月贰拾壹日　付款行名称：莱顺区港城路支行

收款人：真好零配件公司　出票人账号：102451013173

人民币(大写)	亿	千	百	十	万	千	百	十	元	角	分
壹仟元整					￥	1	0	0	0	0	0

本支票付款期限自出票之日起十天

用途　配件费

上列款项请从我账户内支付

出票人签章　(山东珠顺内衣有限责任公司 财务专用章)　刘文丰印

密码　3849 2009 1289 5620

复核　记账

凭证 15-2

山东增值税电子普通发票

(全国统一发票监制章 山东 国家税务总局监制)

发票代码：037002000111

发票号码：36700028

开票日期：2020年12月21日

校验码：23422 11297 23749 15165

购买方		密码区
名　称：	山东珠顺内衣有限公司	1<6<6>**580331/373>67<599<<
纳税人识别号：	91370662922131069A	++8+505>4-<+>/0<38+70/420/>
地址、电话：	烟阳市莱顺区港城路100号0535-6915129	09>>+-*93+>6401/3/4541*2<-3
开户行及账号：	中国银行莱顺区港城路支行102451013173	-*2+88++5/320+6+*<2<>0+19<7

货物或应税劳务、服务名称	规格型号	单位	数量	单价	金额	税率	税额
*缝纫机及其零件*零配件			1	884.96	884.96	13%	115.04
合　计					884.96		115.04
价税合计（大写）	⊗壹仟圆整				（小写）￥1000.00		

销售方		备注
名　称：	真好零配件公司	(真好零配件公司 91370101221200511B 发票专用章)
纳税人识别号：	91370101221200511B	
地址、电话：	烟阳市黄务大街20号0535-7299933	
开户行及账号：	中国银行黄务分理处102450063562	

收款人：蔡明　复核：王璐璐　开票人：杨彤彤　销售方：（章）

烟阳证券印制有限公司·2019年印制

附加信息	收款人签章 年　月　日
	身份证件名称：　　　发证机关：
	号码

（贴粘单处）

根据《中华人民共和国票据法》等法律法规的规定，签发空头支票由中国人民银行处以票面金额5%但不低于1 000元的罚款。

凭证 16(注:该原始凭证请根据材料领用定额资料填写完整)

领　料　单

No. 2012018

领料部门：裁剪车间　　2020年12月22日

领料用途：生产精品背心

材料名称	规格	单位	数量		成本	
			请领	实发	单价	总价
合　计						

第二联：记账联

领料主管：王亭　　会计：刘一　　发料人：刘路　　领料人：王洋

凭证 17-1

入　库　单

No. R20121004

发货单位：长宁市服装材料厂　　2020年12月24日

材料名称	规格	单位	数量		单价	金额	运杂费	总价
			凭证	实收				
缝纫线		卷	160	160	3.00	480.00	_	480.00
包边条		盘	600	600	6.00	3 600.00	_	3 600.00
合　计						4 080.00	_	4 080.00

记账联

仓库主管：林丰　　会计：刘一　　仓库验收：杨树　　采购员：张宇

凭证 17-2

入　　库　　单

No. R20121003

发货单位：烟阳市胜利印刷公司　　2020年12月24日

材料名称	规格	单位	数量		单价	金额	运杂费	总价
			凭证	实收				
包装盒		箱	100	100	25.00	2 500.00	_	2 500.00
合　计						2 500.00		2 500.00

记账联

仓库主管：林丰　　会计：刘一　　仓库验收：杨树　　采购员：张宇

凭证 17-3

3700202130　　山东增值税专用发票　　No 06860223

发票联

3700202130
06860223

开票日期：2020年12月24日

购买方	
名　　称：	山东珠顺内衣有限公司
纳税人识别号：	91370662922131069A
地 址、电 话：	烟阳市莱顺区港城路100号0535-6915129
开户行及账号：	中国银行莱顺区港城路支行102451013173

密码区：
1<6<6>**580331/373>67<599<<
++8+505>4-<+>/0<38+70/420/>
09>>+-*93+>6401/3/4541*2<-3
-*2+88++5/320+6+*<2<>0+19<7

货物或应税劳务、服务名称	规格型号	单位	数量	单价	金额	税率	税额
*缝纫线*缝纫线		卷	160	3.00	480.00	13%	62.40
*针织、编织物*包边条		卷	600	6.00	3600.00	13%	468.00
合　　计					4080.00		530.40
价税合计（大写）	⊗肆仟陆佰壹拾圆肆角				（小写）¥4610.40		

销售方	
名　　称：	长宁市服装材料厂
纳税人识别号：	91370101322121004B
地 址、电 话：	山东省长宁市经十路12号0532-7226378
开户行及账号：	工商银行经十路支行1606021909221200989

备注：长宁市服装材料厂 91370101322121004B 发票专用章

第三联：发票联　购买方记账凭证

收款人：王长宁　　复核：肖婉婉　　开票人：王华　　销售方：（章）

凭证 17-4

3700202130 山东增值税专用发票 No 01321554 3700202130 01321554

山东 国家税务总局监制

发票联

开票日期：2020年12月24日

购买方	名　　称：山东珠顺内衣有限公司 纳税人识别号：91370662922131069A 地 址、电 话：烟阳市莱顺区港城路100号0535-6915129 开户行及账号：中国银行莱顺区港城路支行102451013173	密码区	1<6<6>**580331/373>67<599<< ++8+505>4-<+>/0<38+70/420/> 09>>+-*93+>6401/3/4541*2<-3 -*2+88++5/320+6+*<2<>0+19<7

货物或应税劳务、服务名称	规格型号	单位	数量	单价	金额	税率	税额
*包装用纸及纸板*包装盒		箱	100	25.00	2500.00	13%	325.00
合　　计					2500.00		325.00
价税合计（大写）	⊗贰仟捌佰贰拾伍圆整				（小写）¥2825.00		

销售方	名　　称：烟阳市胜利印刷公司 纳税人识别号：91370101335821266F 地 址、电 话：烟阳市黄亭区胜利路1号0535-8230330 开户行及账号：工商银行胜利路分理处120565560028	备注	烟阳市胜利印刷公司 91370101335821266F 发票专用章

收款人：刘备　　复核：陈晓梅　　开票人：龙藤　　销售方：（章）

第三联：发票联 购买方记账凭证

凭证 18

内部交库单　　No. N20121002

交库单位：成衣车间　　2020年12月28日

材料名称	规格	单位	数量		单价	金额	运杂费	总价
			凭证	实收				
精品背心		件	32 000	32 000				
普通背心		件	20 000	20 000				
合　计								

记账联

仓库主管：林丰　　会计：刘一　　仓库验收：杨树　　交库人：刘大为

凭证 19(注:该原始凭证请使用全月一次加权平均法核算并填写完整)

山东珠顺内衣有限公司存货计价表

2020年12月　　金额单位：元

材料类别	品种	单位	期初结存			本月收入			平均单价
			数量	单价	金额	数量	单价	金额	
原料及主要材料	针织棉布	匹							
	精梳棉布	匹							
	包边条	卷							
	定制螺纹	匹							
周转材料	缝纫线	卷							
	包装袋	包							
	包装盒	箱							
	标签	包							
	水洗唛	包							
	工具	套							
	机油	升							
	量具	套							

复核　　制单

凭证 20(注:该原始凭证请根据领料单汇总填制)

山东珠顺内衣有限公司材料领用汇总表

2020年12月

金额单位:元

材料类别 \ 受益单位			裁剪车间			缝纫车间			成衣车间			机修车间	运输队	管理部门	销售部门	合计
			普通背心产品用	精品背心产品用	一般耗用	普通背心产品用	精品背心产品用	一般耗用	普通背心产品用	精品背心产品用	一般耗用					
原料及主要材料	针织棉布	数量(匹)														
		金额														
	精梳棉布	数量(匹)														
		金额														
	包边条	数量(卷)														
		金额														
	定制螺纹	数量(匹)														
		金额														
周转材料	标签	数量(包)														
		金额														
	水洗唛	数量(包)														
		金额														
	缝纫线	数量(卷)														
		金额														
	包装袋	数量(包)														
		金额														
	包装盒	数量(箱)														
		金额														
	工具	数量(套)														
		金额														
	机油	数量(升)														
		金额														
	量具	数量(套)														
		金额														
合计																

复核　　　　　　制单

凭证 21-1（注：车间主任职工薪酬计入“制造费用”；工人职工薪酬计入“生产成本”；管理部、财务部人员职工薪酬计入“管理费用”；销售部人员职工薪酬计入“销售费用”）

山东珠顺内衣有限公司职工薪酬汇总表

2020年12月　　金额单位：元

部门	职位	人员	应付工资				应付其他薪酬				合计
			基本工资	津贴	奖金	合计	福利费（14%）	保险金（20%）	住房公积金（10%）	合计	
裁剪车间	车间主任	王亭	3 600.00	1 000.00	1 000.00	5 600.00	784.00	1 120.00	560.00	2 464.00	8 064.00
裁剪车间	工人	王洋等	53 000.00	3 000.00	3 000.00	59 000.00	8 260.0	11 800.00	5 900.00	25 960.000	84 960.00
缝纫车间	车间管理	张一丰	4 200.00	1 000.00	1 200.00	6 400.00	896.00	1 280.00	640.00	2 816.00	9 216.00
缝纫车间	工人	赵成等	46 000.00	4 000.00	3 000.00	53 000.00	7 420.00	10 600.00	5 300.00	23 320.00	76 320.00
成衣车间	车间管理	刘大为	3 500.00	1 000.00	1 200.00	5 700.00	798.00	1 140.00	570.00	2 508.00	8 208.00
成衣车间	工人	刘也等	30 000.00	2 000.00	1 000.00	33 000.00	4 620.00	6 600.00	3 300.00	14 520.00	47 520.00
机修车间	工人	宋思民	3 000.00	1 000.00	300.00	4 300.00	602.00	860.00	430.00	1 892.00	6 192.00
运输队	工人	陈玉	4 000.00	600.00	300.00	4 900.00	686.00	980.00	490.00	2 156.00	7 056.00
管理部	总经理	刘丰义	7 200.00	1 500.00	5 000.00	13 700.00	1 918.00	2 740.00	1 370.00	6 028.00	19 728.00
管理部	职员	陈圆	4 200.00	1 000.00	500.00	5 700.00	798.00	1 140.00	570.00	2 508.00	8 208.00
管理部	库管	林丰等	15 000.00	3 000.00	1 500.00	19 500.00	2 730.00	3 900.00	1 950.00	8 580.00	28 080.00
销售部	经理	张春晖	3 000.00	1 500.00	3 200.00	7 700.00	1 078.00	1 540.00	770.00	3 388.00	11 088.00
销售部	销售员	王牧	2 500.00	1 500.00	3 000.00	7 000.00	980.00	1 400.00	700.00	3 080.00	10 080.00
财务部	主管	王小天	5 000.00	1 000.00	1 000.00	7 000.00	980.00	1 400.00	700.00	3 080.00	10 080.00
财务部	会计	刘一	3 000.00	600.00	500.00	4 100.00	574.00	820.00	410.00	1 804.00	5 904.00
财务部	会计	王玮	3 000.00	600.00	500.00	4 100.00	574.00	820.00	410.00	1 804.00	5 904.00
财务部	出纳	张彩凤	2 000.00	600.00	500.00	3 100.00	434.00	620.00	310.00	1 364.00	4 464.00
合计			192 200.00	24 900.00	26 700.00	243 800.00	34 132.00	48 760.00	24 380.00	107 272.00	351 072.00

财务负责人：王小天　　复核：王玮　　制单：刘一

凭证 21-2（注：该原始凭证请进行直接薪酬费用的分配并填写完整）

山东珠顺内衣有限公司职工薪酬分配表

2020年12月　　金额单位：元

车间名称	产品名称	生产工时	分配率	应分配薪酬费用
裁剪车间	普通背心			
	精品背心			
	小计			
缝纫车间	普通背心			
	精品背心			
	小计			
成衣车间	普通背心			
	精品背心			
	小计			
合计				

审核：　　制表：

凭证 22（注：该原始凭证请根据折旧率计算并填写完整）

山东珠顺内衣有限公司固定资产折旧计提单

2020年12月　　　　金额单位：元

使用部门	固定资产项目	固定资产原值	月折旧率	本月应计提折旧额
裁剪车间	建筑物	6 500 000.00	0.50%	
	机器设备	3 500 000.00	1.50%	
	小计	10 000 000.00		
缝纫车间	建筑物	6 500 000.00	0.50%	
	机器设备	3 500 000.00	1.50%	
	小计	10 000 000.00		
成衣车间	建筑物	6 500 000.00	0.50%	
	机器设备	3 500 000.00	1.50%	
	小计	10 000 000.00		
机修车间	建筑物	200 000.00	0.50%	
	机器设备	350 000.00	1.50%	
	小计	550 000.00		
运输队	建筑物	200 000.00	0.50%	
	机器设备	2 000 000.00	1.50%	
	小计	2 200 000.00		
管理部	建筑物	4 000 000.00	0.50%	
	办公设备	200 000.00	1.50%	
	小计	4 200 000.00		
销售部	建筑物	4 000 000.00	0.50%	
	办公设备	200 000.00	1.50%	
	小计	4 200 000.00		
合　计		41 150 000.00		

复核：　　　　　　　　制单：

凭证 23（注：该原始凭证请进行按月摊销费用的分配并填写完整）

车辆保险费分配表

2020年12月　　　　金额单位：元

使用部门	年交额（预付账款）	本月应摊销
运输队	9 000.00	
管理部	12 000.00	
销售部	3 000.00	
合计	24 000.00	

复核：　　　　制单：

凭证 24（注：该原始凭证请根据水电费单价计算填写）

水电费分配表

2020年12月　　　　金额单位：元

使用部门	水费		电费		合计
	数量（吨）	金额	数量（千瓦时）	金额	
裁剪车间	100.0		1 500		
缝纫车间	150.0		15 000		
成衣车间	130.0		6 000		
机修车间	2.0		1 000		
运输队	2.8		200		
管理部	19.0		500		
销售部	16.0		500		
合计	419.8		24 700		

复核：　　　　制单：

凭证 25-1

各车间、部门辅助生产费用受益表

2020年12月

受益对象（生产单位和部门）	修理工作量（小时）	运输工作量(吨×千米)
机修车间		3 000
运输队	10	
裁剪车间	34	3 000
缝纫车间	42	4 200
成衣车间	50	4 700
管理部	28	8 000
销售部	20	16 800
合计	184	39 700

凭证 25-2（注：该原始凭证请使用计划成本分配法进行分配并填写完整）

各车间、部门辅助生产费用分配表

2020年12月　　　　金额单位：元

项目	分配修理费		分配运输费	
	数量（小时）	金额	数量(吨×千米)	金额
待分配费用				
劳务供应总量				
费用分配率（计划成本）				
受益对象				
机修车间				
运输队				
裁剪车间				
缝纫车间				
成衣车间				
管理部				
销售部				
按计划成本分配合计				
实际成本				
差异				

复核：　　　　制单：

凭证 26（注：该原始凭证请计算分配制造费用并填写完整）

制造费用分配表

2020年12月　　　　金额单位：元

车间	产品	实际工时（小时）	分配金额
裁剪车间	普通背心		
	精品背心		
	合计		
缝纫车间	普通背心		
	精品背心		
	合计		
成衣车间	普通背心		
	精品背心		
	合计		

复核：　　　　制单：

凭证 27-1（注：该原始凭证请根据期初资料、生产成本明细账的数据填写，并使用约当产量分配法分配并填写完整）

产品成本计算单

车间：裁剪车间　　　　2020年12月31日

产品：　普通背心　　　　金额单位：元

摘　　要	直接材料	直接人工	制造费用	合计
月初在产品成本				
本月材料费				
本月人工费				
本月制造费				
费用合计				
完工半成品成本				
月末在产品成本				

复核：　　　　制单：

凭证 27-2（注：该原始凭证请根据期初资料、生产成本明细账的数据填写，并使用约当产量分配法分配并填写完整）

产品成本计算单

车间：裁剪车间　　2020年12月31日

产品：精品背心　　金额单位：元

摘　　要	直接材料	直接人工	制造费用	合计
月初在产品成本				
本月材料费				
本月人工费				
本月制造费				
费用合计				
完工半成品成本				
月末在产品成本				

复核：　　制单：

凭证 28-1（注：该原始凭证请根据期初资料、生产成本明细账的数据填写，特别注意应核算领用半成品裁片，并使用约当产量分配法分配并填写完整）

产品成本计算单

车间：缝纫车间　　2020年12月31日

产品：普通背心　　金额单位：元

摘　　要	直接材料	自制半成品	直接人工	制造费用	合计
月初在产品成本					
本月材料费					
本月领用半成品					
本月人工费					
本月制造费					
费用合计					
完工半成品成本					
月末在产品成本					

复核：　　制单：

凭证 28-2(注:该原始凭证请根据期初资料、生产成本明细账的数据填写,特别注意应核算领用半成品裁片,并使用约当产量分配法分配并填写完整)

产品成本计算单

车间:缝纫车间　　　　2020年12月31日
产品:精品背心　　　　　　　　　　　　　　金额单位:元

摘　　要	直接材料	自制半成品	直接人工	制造费用	合计
月初在产品成本					
本月材料费					
本月领用半成品					
本月人工费					
本月制造费					
费用合计					
完工半成品成本					
月末在产品成本					

复核:　　　　　　　　　　制单:

凭证 29-1(注:该原始凭证请根据期初资料、生产成本明细账的数据填写,特别注意应在核算自制半成品的单价之后,计算本月该车间领用自制半成品的成本,并使用约当产量分配法分配并填写完整)

产品成本计算单

车间:成衣车间　　　　2020年12月31日
产品:普通背心　　　　　　　　　　　　　　金额单位:元

摘　　要	直接材料	自制半成品	直接人工	制造费用	合计
月初在产品成本					
本月材料费					
本月领用半成品					
本月人工费					
本月制造费					
费用合计					
完工半成品成本					
月末在产品成本					

复核:　　　　　　　　　　制单:

凭证 29-2(注:该原始凭证请根据期初资料、生产成本明细账的数据填写,特别注意应在核算自制半成品的单价之后,计算本月该车间领用自制半成品的成本,并使用约当产量分配法分配并填写完)

产品成本计算单

车间：成衣车间　　2020年12月31日

产品：精品背心　　金额单位：元

摘　要	直接材料	自制半成品	直接人工	制造费用	合计
月初在产品成本					
本月材料费					
本月领用半成品					
本月人工费					
本月制造费					
费用合计					
完工半成品成本					
月末在产品成本					

复核：　　制单：

高等院校“十三五”规划教材
“互联网 +”融媒体系列教材

成本会计实训凭证与账簿

孙蕾蕾　殷丽媛／主编
孔令一／副主编

立信会计出版社
LIXIN ACCOUNTING PUBLISHING HOUSE

目　　录

一、品种法所需的凭证与账簿

（一）记账凭证

付　款　凭　证

年　月　日　　　　字　号

摘要	总账科目	明细科目	借方金额										贷方金额										记账
			千	百	十	万	千	百	十	元	角	分	千	百	十	万	千	百	十	元	角	分	
合计																							

附件　张

会计主管：　　记账：　　审核：　　制单：

付　款　凭　证

年　月　日　　　　字　号

摘要	总账科目	明细科目	借方金额										贷方金额										记账
			千	百	十	万	千	百	十	元	角	分	千	百	十	万	千	百	十	元	角	分	
合计																							

附件　张

会计主管：　　记账：　　审核：　　制单：

付 款 凭 证

年 月 日　　　　字 号

摘要	总账科目	明细科目	借方金额										贷方金额										记账
			千	百	十	万	千	百	十	元	角	分	千	百	十	万	千	百	十	元	角	分	
合计																							

附件 张

会计主管：　　记账：　　审核：　　制单：

付 款 凭 证

年 月 日　　　　字 号

摘要	总账科目	明细科目	借方金额										贷方金额										记账
			千	百	十	万	千	百	十	元	角	分	千	百	十	万	千	百	十	元	角	分	
合计																							

附件 张

会计主管：　　记账：　　审核：　　制单：

付　款　凭　证

年　月　日　　　　字　号

摘　要	总账科目	明细科目	借方金额										贷方金额										记账
			千	百	十	万	千	百	十	元	角	分	千	百	十	万	千	百	十	元	角	分	
合　计																							

附件　张

会计主管：　　记账：　　审核：　　制单：

付　款　凭　证

年　月　日　　　　字　号

摘　要	总账科目	明细科目	借方金额										贷方金额										记账
			千	百	十	万	千	百	十	元	角	分	千	百	十	万	千	百	十	元	角	分	
合　计																							

附件　张

会计主管：　　记账：　　审核：　　制单：

转 账 凭 证

年 月 日　　　　转字 号

摘要	总账科目	明细科目	借方金额										贷方金额										记账
			千	百	十	万	千	百	十	元	角	分	千	百	十	万	千	百	十	元	角	分	
合计																							

附件 张

会计主管：　　记账：　　审核：　　制单：

转 账 凭 证

年 月 日　　　　转字 号

摘要	总账科目	明细科目	借方金额										贷方金额										记账
			千	百	十	万	千	百	十	元	角	分	千	百	十	万	千	百	十	元	角	分	
合计																							

附件 张

会计主管：　　记账：　　审核：　　制单：

转　账　凭　证

年　　月　　日　　　　　　转字　　号

摘　要	总账科目	明细科目	借方金额										贷方金额										记账
			千	百	十	万	千	百	十	元	角	分	千	百	十	万	千	百	十	元	角	分	
合　计																							

附件　　张

会计主管：　　　　记账：　　　　审核：　　　　制单：

转　账　凭　证

年　　月　　日　　　　　　转字　　号

摘　要	总账科目	明细科目	借方金额										贷方金额										记账
			千	百	十	万	千	百	十	元	角	分	千	百	十	万	千	百	十	元	角	分	
合　计																							

附件　　张

会计主管：　　　　记账：　　　　审核：　　　　制单：

转　账　凭　证

年　　月　　日　　　　　　　　转字　　号

摘　要	总账科目	明细科目	借方金额										贷方金额										记账
			千	百	十	万	千	百	十	元	角	分	千	百	十	万	千	百	十	元	角	分	
合　计																							

附件　张

会计主管：　　　　记账：　　　　审核：　　　　制单：

转　账　凭　证

年　　月　　日　　　　　　　　转字　　号

摘　要	总账科目	明细科目	借方金额										贷方金额										记账
			千	百	十	万	千	百	十	元	角	分	千	百	十	万	千	百	十	元	角	分	
合　计																							

附件　张

会计主管：　　　　记账：　　　　审核：　　　　制单：

转　账　凭　证

年　　月　　日　　　　　　　　转字　　号

摘要	总账科目	明细科目	借方金额										贷方金额										记账
			千	百	十	万	千	百	十	元	角	分	千	百	十	万	千	百	十	元	角	分	
合计																							

附件　　张

会计主管：　　　　记账：　　　　审核：　　　　制单：

转　账　凭　证

年　　月　　日　　　　　　　　转字　　号

摘要	总账科目	明细科目	借方金额										贷方金额										记账
			千	百	十	万	千	百	十	元	角	分	千	百	十	万	千	百	十	元	角	分	
合计																							

附件　　张

会计主管：　　　　记账：　　　　审核：　　　　制单：

转　账　凭　证

年　　月　　日　　　　　　　　转字　　号

摘　要	总账科目	明细科目	借方金额										贷方金额										记账
			千	百	十	万	千	百	十	元	角	分	千	百	十	万	千	百	十	元	角	分	
合　计																							

附件　　张

会计主管：　　　　记账：　　　　审核：　　　　制单：

转　账　凭　证

年　　月　　日　　　　　　　　转字　　号

摘　要	总账科目	明细科目	借方金额										贷方金额										记账
			千	百	十	万	千	百	十	元	角	分	千	百	十	万	千	百	十	元	角	分	
合　计																							

附件　　张

会计主管：　　　　记账：　　　　审核：　　　　制单：

转　账　凭　证

年　月　日　　　　转字　　号

摘　要	总账科目	明细科目	借方金额										贷方金额										记账
			千	百	十	万	千	百	十	元	角	分	千	百	十	万	千	百	十	元	角	分	
合　计																							

附件　张

会计主管：　　记账：　　审核：　　制单：

转　账　凭　证

年　月　日　　　　转字　　号

摘　要	总账科目	明细科目	借方金额										贷方金额										记账
			千	百	十	万	千	百	十	元	角	分	千	百	十	万	千	百	十	元	角	分	
合　计																							

附件　张

会计主管：　　记账：　　审核：　　制单：

转　账　凭　证

年　月　日　　　　转字　号

摘要	总账科目	明细科目	借方金额										贷方金额										记账
			千	百	十	万	千	百	十	元	角	分	千	百	十	万	千	百	十	元	角	分	
合计																							

附件　张

会计主管：　　记账：　　审核：　　制单：

转　账　凭　证

年　月　日　　　　转字　号

摘要	总账科目	明细科目	借方金额										贷方金额										记账
			千	百	十	万	千	百	十	元	角	分	千	百	十	万	千	百	十	元	角	分	
合计																							

附件　张

会计主管：　　记账：　　审核：　　制单：

转　账　凭　证

年　　月　　日　　　　　　　　　　转字　　号

摘　要	总账科目	明细科目	借方金额										贷方金额										记账
			千	百	十	万	千	百	十	元	角	分	千	百	十	万	千	百	十	元	角	分	
合　计																							

附件　张

会计主管：　　　　记账：　　　　审核：　　　　制单：

转　账　凭　证

年　　月　　日　　　　　　　　　　转字　　号

摘　要	总账科目	明细科目	借方金额										贷方金额										记账
			千	百	十	万	千	百	十	元	角	分	千	百	十	万	千	百	十	元	角	分	
合　计																							

附件　张

会计主管：　　　　记账：　　　　审核：　　　　制单：

转　账　凭　证

年　　月　　日　　　　　　　　转字　　号

摘　要	总账科目	明细科目	借方金额										贷方金额										记账
			千	百	十	万	千	百	十	元	角	分	千	百	十	万	千	百	十	元	角	分	
合　计																							

附件　　张

会计主管：　　　　记账：　　　　审核：　　　　制单：

转　账　凭　证

年　　月　　日　　　　　　　　转字　　号

摘　要	总账科目	明细科目	借方金额										贷方金额										记账
			千	百	十	万	千	百	十	元	角	分	千	百	十	万	千	百	十	元	角	分	
合　计																							

附件　　张

会计主管：　　　　记账：　　　　审核：　　　　制单：

转 账 凭 证

年 月 日 转字 号

摘 要	总账科目	明细科目	借 方 金 额										贷 方 金 额										记账
			千	百	十	万	千	百	十	元	角	分	千	百	十	万	千	百	十	元	角	分	
合 计																							

附件 张

会计主管： 记账： 审核： 制单：

转 账 凭 证

年 月 日 转字 号

摘 要	总账科目	明细科目	借 方 金 额										贷 方 金 额										记账
			千	百	十	万	千	百	十	元	角	分	千	百	十	万	千	百	十	元	角	分	
合 计																							

附件 张

会计主管： 记账： 审核： 制单：

转账凭证

年　月　日　　　　转字　号

摘要	总账科目	明细科目	借方金额										贷方金额										记账
			千	百	十	万	千	百	十	元	角	分	千	百	十	万	千	百	十	元	角	分	
合计																							

附件　张

会计主管：　　记账：　　审核：　　制单：

转账凭证

年　月　日　　　　转字　号

摘要	总账科目	明细科目	借方金额										贷方金额										记账
			千	百	十	万	千	百	十	元	角	分	千	百	十	万	千	百	十	元	角	分	
合计																							

附件　张

会计主管：　　记账：　　审核：　　制单：

转 账 凭 证

年 月 日 转字 号

摘要	总账科目	明细科目	借方金额										贷方金额										记账
			千	百	十	万	千	百	十	元	角	分	千	百	十	万	千	百	十	元	角	分	
合计																							

附件 张

会计主管： 记账： 审核： 制单：

转 账 凭 证

年 月 日 转字 号

摘要	总账科目	明细科目	借方金额										贷方金额										记账
			千	百	十	万	千	百	十	元	角	分	千	百	十	万	千	百	十	元	角	分	
合计																							

附件 张

会计主管： 记账： 审核： 制单：

转　账　凭　证

年　　月　　日　　　　　　　　转字　　号

摘　要	总账科目	明细科目	借方金额										贷方金额										记账
			千	百	十	万	千	百	十	元	角	分	千	百	十	万	千	百	十	元	角	分	
合　计																							

附件　　张

会计主管：　　　　记账：　　　　审核：　　　　制单：

转　账　凭　证

年　　月　　日　　　　　　　　转字　　号

摘　要	总账科目	明细科目	借方金额										贷方金额										记账
			千	百	十	万	千	百	十	元	角	分	千	百	十	万	千	百	十	元	角	分	
合　计																							

附件　　张

会计主管：　　　　记账：　　　　审核：　　　　制单：

转　账　凭　证

年　月　日　　　　转字　号

摘　要	总账科目	明细科目	借方金额										贷方金额										记账
			千	百	十	万	千	百	十	元	角	分	千	百	十	万	千	百	十	元	角	分	
合　计																							

附件　张

会计主管：　　记账：　　审核：　　制单：

转　账　凭　证

年　月　日　　　　转字　号

摘　要	总账科目	明细科目	借方金额										贷方金额										记账
			千	百	十	万	千	百	十	元	角	分	千	百	十	万	千	百	十	元	角	分	
合　计																							

附件　张

会计主管：　　记账：　　审核：　　制单：

转账凭证

年　月　日　　　　　　转字　　号

摘要	总账科目	明细科目	借方金额										贷方金额										记账
			千	百	十	万	千	百	十	元	角	分	千	百	十	万	千	百	十	元	角	分	
合计																							

附件　张

会计主管：　　记账：　　审核：　　制单：

转账凭证

年　月　日　　　　　　转字　　号

摘要	总账科目	明细科目	借方金额										贷方金额										记账
			千	百	十	万	千	百	十	元	角	分	千	百	十	万	千	百	十	元	角	分	
合计																							

附件　张

会计主管：　　记账：　　审核：　　制单：

转 账 凭 证

年 月 日 转字 号

摘要	总账科目	明细科目	借方金额										贷方金额										记账
			千	百	十	万	千	百	十	元	角	分	千	百	十	万	千	百	十	元	角	分	
合计																							

附件 张

会计主管： 记账： 审核： 制单：

转 账 凭 证

年 月 日 转字 号

摘要	总账科目	明细科目	借方金额										贷方金额										记账
			千	百	十	万	千	百	十	元	角	分	千	百	十	万	千	百	十	元	角	分	
合计																							

附件 张

会计主管： 记账： 审核： 制单：

转　账　凭　证

年　月　日　　　　转字　号

摘　要	总账科目	明细科目	借方金额										贷方金额										记账
			千	百	十	万	千	百	十	元	角	分	千	百	十	万	千	百	十	元	角	分	
合　计																							

附件　张

会计主管：　　记账：　　审核：　　制单：

转　账　凭　证

年　月　日　　　　转字　号

摘　要	总账科目	明细科目	借方金额										贷方金额										记账
			千	百	十	万	千	百	十	元	角	分	千	百	十	万	千	百	十	元	角	分	
合　计																							

附件　张

会计主管：　　记账：　　审核：　　制单：

(二) 明细分类账(成本费用类)

1. 制造费用明细账

制造费用明细分类账

总第____页 页次____页

明细科目 基本生产车间

年		凭证号数	摘要	借方发生额（千百十万千百十元角分）	明细项目					
月	日				物料消耗（千百十万千百十元角分）	管理人员薪酬费（千百十万千百十元角分）	水电费（千百十万千百十元角分）	折旧费（千百十万千百十元角分）	劳保费（千百十万千百十元角分）	其他（千百十万千百十元角分）

2. 辅助生产成本明细账

辅助生产成本明细分类账

总第____页　页次____

明细科目 蒸汽车间

年		凭证号数	摘要	借方发生额	明细项目					
					材料费	人工薪酬费	水电费	折旧费	劳保费	其他
月	日			千百十万千百十元角分	千百十万千百十元角分	千百十万千百十元角分	千百十万千百十元角分	千百十万千百十元角分	千百十万千百十元角分	千百十万千百十元角分

辅助生产成本明细分类账

总第______页次______页

明细科目____供电车间

年		凭证号数	摘要	借方发生额										明细项目																																																											
														材料费										人工薪酬费										水电费										折旧费										劳保费										其他									
月	日			千	百	十	万	千	百	十	元	角	分	千	百	十	万	千	百	十	元	角	分	千	百	十	万	千	百	十	元	角	分	千	百	十	万	千	百	十	元	角	分	千	百	十	万	千	百	十	元	角	分	千	百	十	万	千	百	十	元	角	分	千	百	十	万	千	百	十	元	角	分

3. 基本生产成本明细账

基本生产成本明细分类账

总第______页次______页

明细科目____A型内胎

年		凭证号数	摘要	借方发生额	明细项目					
					直接材料	自制半成品	直接人工	制造费用		
月	日			千百十万千百十元角分	千百十万千百十元角分	千百十万千百十元角分	千百十万千百十元角分	千百十万千百十元角分	千百十万千百十元角分	千百十万千百十元角分

基本生产成本明细分类账

总第＿＿页次＿＿页

明细科目 B型内胎

年		凭证号数	摘要	借方发生额	明细项目					
					直接材料	自制半成品	直接人工	制造费用		
月	日			千百十万千百十元角分	千百十万千百十元角分	千百十万千百十元角分	千百十万千百十元角分	千百十万千百十元角分	千百十万千百十元角分	千百十万千百十元角分

4. 管理费用明细账(简)

管理费用明细分类账（简）

总第____页次____页

年		凭证号数	摘要	借方发生额	明细项目					
月	日				材料费	薪酬费	水电费	折旧费	保险费	其他
				千百十万千百十元角分	千百十万千百十元角分	千百十万千百十元角分	千百十万千百十元角分	千百十万千百十元角分	千百十万千百十元角分	千百十万千百十元角分

5. 销售费用明细账(简)

销售费用明细分类账（简）

总第______页次______页

年		凭证号数	摘要	借方发生额	明细项目					
					材料费	薪酬费	水电费	折旧费	保险费	其他
月	日			千百十万千百十元角分	千百十万千百十元角分	千百十万千百十元角分	千百十万千百十元角分	千百十万千百十元角分	千百十万千百十元角分	千百十万千百十元角分

（三）成本报表

表 5-1

全部产品成本表

编制企业：　　　　　　　　　　　　年　　月

产品名称	计量单位	实际产量		单位成本				本月总成本			本年累计总成本		
		本月	本年累计	上年实际平均	本年计划	本月实际	本年累计实际平均	按上年实际平均成本计算	按本年计划单位成本计算	本月实际	按上年实际平均成本计算	按本年计划单位成本计算	本年实际
可比产品合计													
其中 1：													
2：													
不可比产品合计													
其中 1：													
2：													
全部产品生产成本													

会计主管：　　　　　　　　复核：　　　　　　　　制表：

表 5-2

主要产品单位成本表

编制企业：　　　　　　　　　　　　年　　月

产品名称		实际产量			
规格型号		本年累计实际产量			
计量单位		销售单价			
成本项目	历史先进水平	上年实际平均	本年计划	本月实际	本年实际平均
直接材料					
直接人工					
制造费用					
产品成本合计					
主要技术经济指标	耗用量	耗用量	耗用量	耗用量	耗用量
1					
2					
3					

会计主管：　　　　　　　　复核：　　　　　　　　制表：

表 5-3

主要产品单位成本表

编制企业：　　　　　　　　　　　　年　　月

产品名称		实际产量			
规格型号		本年累计实际产量			
计量单位		销售单价			
成本项目	历史先进水平	上年实际平均	本年计划	本月实际	本年实际平均
直接材料					
直接人工					
制造费用					
产品成本合计					
主要技术经济指标	耗用量	耗用量	耗用量	耗用量	耗用量
1					
2					
3					

会计主管：　　　　　　复核：　　　　　　制表：

二、分批法所需的凭证与账簿

（一）记账凭证

付　款　凭　证

年　月　日　　　　字　号

摘　要	总账科目	明细科目	借方金额										贷方金额										记账
			千	百	十	万	千	百	十	元	角	分	千	百	十	万	千	百	十	元	角	分	
合　计																							

附件　张

会计主管：　　　记账：　　　审核：　　　制单：

付　款　凭　证

年　月　日　　　　字　号

摘　要	总账科目	明细科目	借方金额										贷方金额										记账
			千	百	十	万	千	百	十	元	角	分	千	百	十	万	千	百	十	元	角	分	
合　计																							

附件　张

会计主管：　　　记账：　　　审核：　　　制单：

付款凭证

年　月　日　　　　字　号

摘要	总账科目	明细科目	借方金额										贷方金额										记账
			千	百	十	万	千	百	十	元	角	分	千	百	十	万	千	百	十	元	角	分	
合计																							

附件　张

会计主管：　记账：　审核：　制单：

付款凭证

年　月　日　　　　字　号

摘要	总账科目	明细科目	借方金额										贷方金额										记账
			千	百	十	万	千	百	十	元	角	分	千	百	十	万	千	百	十	元	角	分	
合计																							

附件　张

会计主管：　记账：　审核：　制单：

付　款　凭　证

年　月　日　　　　字　号

摘　要	总账科目	明细科目	借方金额										贷方金额										记账
			千	百	十	万	千	百	十	元	角	分	千	百	十	万	千	百	十	元	角	分	
合　计																							

附件　张

会计主管：　　记账：　　审核：　　制单：

付　款　凭　证

年　月　日　　　　字　号

摘　要	总账科目	明细科目	借方金额										贷方金额										记账
			千	百	十	万	千	百	十	元	角	分	千	百	十	万	千	百	十	元	角	分	
合　计																							

附件　张

会计主管：　　记账：　　审核：　　制单：

转　账　凭　证

年　月　日　　　　　　转字　　号

摘　要	总账科目	明细科目	借方金额										贷方金额										记账
			千	百	十	万	千	百	十	元	角	分	千	百	十	万	千	百	十	元	角	分	
合　计																							

附件　张

会计主管：　　记账：　　审核：　　制单：

转　账　凭　证

年　月　日　　　　　　转字　　号

摘　要	总账科目	明细科目	借方金额										贷方金额										记账
			千	百	十	万	千	百	十	元	角	分	千	百	十	万	千	百	十	元	角	分	
合　计																							

附件　张

会计主管：　　记账：　　审核：　　制单：

转　账　凭　证

年　月　日　　　　转字　　号

摘　要	总账科目	明细科目	借方金额										贷方金额										记账
			千	百	十	万	千	百	十	元	角	分	千	百	十	万	千	百	十	元	角	分	
合　计																							

附件　张

会计主管：　　记账：　　审核：　　制单：

转　账　凭　证

年　月　日　　　　转字　　号

摘　要	总账科目	明细科目	借方金额										贷方金额										记账
			千	百	十	万	千	百	十	元	角	分	千	百	十	万	千	百	十	元	角	分	
合　计																							

附件　张

会计主管：　　记账：　　审核：　　制单：

转账凭证

年　月　日　　　　转字　号

摘要	总账科目	明细科目	借方金额										贷方金额										记账
			千	百	十	万	千	百	十	元	角	分	千	百	十	万	千	百	十	元	角	分	
合计																							

附件　张

会计主管：　　记账：　　审核：　　制单：

转账凭证

年　月　日　　　　转字　号

摘要	总账科目	明细科目	借方金额										贷方金额										记账
			千	百	十	万	千	百	十	元	角	分	千	百	十	万	千	百	十	元	角	分	
合计																							

附件　张

会计主管：　　记账：　　审核：　　制单：

转　账　凭　证

年　　月　　日　　　　　　　　转字　　号

摘要	总账科目	明细科目	借方金额										贷方金额										记账
			千	百	十	万	千	百	十	元	角	分	千	百	十	万	千	百	十	元	角	分	
合　计																							

附件　张

会计主管：　　　　记账：　　　　审核：　　　　制单：

转　账　凭　证

年　　月　　日　　　　　　　　转字　　号

摘要	总账科目	明细科目	借方金额										贷方金额										记账
			千	百	十	万	千	百	十	元	角	分	千	百	十	万	千	百	十	元	角	分	
合　计																							

附件　张

会计主管：　　　　记账：　　　　审核：　　　　制单：

转 账 凭 证

年 月 日 转字 号

摘要	总账科目	明细科目	借方金额										贷方金额										记账
			千	百	十	万	千	百	十	元	角	分	千	百	十	万	千	百	十	元	角	分	
合计																							

附件 张

会计主管： 记账： 审核： 制单：

转 账 凭 证

年 月 日 转字 号

摘要	总账科目	明细科目	借方金额										贷方金额										记账
			千	百	十	万	千	百	十	元	角	分	千	百	十	万	千	百	十	元	角	分	
合计																							

附件 张

会计主管： 记账： 审核： 制单：

转　账　凭　证

年　月　日　　　　转字　号

摘　要	总账科目	明细科目	借方金额										贷方金额										记账
			千	百	十	万	千	百	十	元	角	分	千	百	十	万	千	百	十	元	角	分	
合　计																							

附件　张

会计主管：　　记账：　　审核：　　制单：

转　账　凭　证

年　月　日　　　　转字　号

摘　要	总账科目	明细科目	借方金额										贷方金额										记账
			千	百	十	万	千	百	十	元	角	分	千	百	十	万	千	百	十	元	角	分	
合　计																							

附件　张

会计主管：　　记账：　　审核：　　制单：

转　账　凭　证

年　月　日　　　　转字　　号

摘　要	总账科目	明细科目	借方金额										贷方金额										记账
			千	百	十	万	千	百	十	元	角	分	千	百	十	万	千	百	十	元	角	分	
合　计																							

附件　张

会计主管：　　记账：　　审核：　　制单：

转　账　凭　证

年　月　日　　　　转字　　号

摘　要	总账科目	明细科目	借方金额										贷方金额										记账
			千	百	十	万	千	百	十	元	角	分	千	百	十	万	千	百	十	元	角	分	
合　计																							

附件　张

会计主管：　　记账：　　审核：　　制单：

转　账　凭　证

年　月　日　　　　　　转字　　号

摘　要	总账科目	明细科目	借方金额										贷方金额										记账
			千	百	十	万	千	百	十	元	角	分	千	百	十	万	千	百	十	元	角	分	
合　计																							

附件　张

会计主管：　　记账：　　审核：　　制单：

转　账　凭　证

年　月　日　　　　　　转字　　号

摘　要	总账科目	明细科目	借方金额										贷方金额										记账
			千	百	十	万	千	百	十	元	角	分	千	百	十	万	千	百	十	元	角	分	
合　计																							

附件　张

会计主管：　　记账：　　审核：　　制单：

转 账 凭 证

年　月　日　　　　　转字　　号

摘　要	总账科目	明细科目	借 方 金 额										贷 方 金 额										记账
			千	百	十	万	千	百	十	元	角	分	千	百	十	万	千	百	十	元	角	分	
合　计																							

附件　张

会计主管：　　记账：　　审核：　　制单：

转 账 凭 证

年　月　日　　　　　转字　　号

摘　要	总账科目	明细科目	借 方 金 额										贷 方 金 额										记账
			千	百	十	万	千	百	十	元	角	分	千	百	十	万	千	百	十	元	角	分	
合　计																							

附件　张

会计主管：　　记账：　　审核：　　制单：

转　账　凭　证

年　月　日　　　　　　转字　　号

摘　要	总账科目	明细科目	借方金额										贷方金额										记账
			千	百	十	万	千	百	十	元	角	分	千	百	十	万	千	百	十	元	角	分	
合　计																							

附件　张

会计主管：　　记账：　　审核：　　制单：

转　账　凭　证

年　月　日　　　　　　转字　　号

摘　要	总账科目	明细科目	借方金额										贷方金额										记账
			千	百	十	万	千	百	十	元	角	分	千	百	十	万	千	百	十	元	角	分	
合　计																							

附件　张

会计主管：　　记账：　　审核：　　制单：

转 账 凭 证

年 月 日　　　　　　　　　　　　　　　　转字 号

摘要	总账科目	明细科目	借方金额										贷方金额										记账
			千	百	十	万	千	百	十	元	角	分	千	百	十	万	千	百	十	元	角	分	
合计																							

附件 张

会计主管：　　　　记账：　　　　审核：　　　　制单：

转 账 凭 证

年 月 日　　　　　　　　　　　　　　　　转字 号

摘要	总账科目	明细科目	借方金额										贷方金额										记账
			千	百	十	万	千	百	十	元	角	分	千	百	十	万	千	百	十	元	角	分	
合计																							

附件 张

会计主管：　　　　记账：　　　　审核：　　　　制单：

转　账　凭　证

年　月　日　　　　转字　　号

摘要	总账科目	明细科目	借方金额										贷方金额										记账
			千	百	十	万	千	百	十	元	角	分	千	百	十	万	千	百	十	元	角	分	
合计																							

附件　张

会计主管：　　记账：　　审核：　　制单：

转　账　凭　证

年　月　日　　　　转字　　号

摘要	总账科目	明细科目	借方金额										贷方金额										记账
			千	百	十	万	千	百	十	元	角	分	千	百	十	万	千	百	十	元	角	分	
合计																							

附件　张

会计主管：　　记账：　　审核：　　制单：

转　账　凭　证

年　月　日　　　　　　转字　　号

摘　要	总账科目	明细科目	借方金额										贷方金额										记账
			千	百	十	万	千	百	十	元	角	分	千	百	十	万	千	百	十	元	角	分	
合　计																							

附件　张

会计主管：　　记账：　　审核：　　制单：

转　账　凭　证

年　月　日　　　　　　转字　　号

摘　要	总账科目	明细科目	借方金额										贷方金额										记账
			千	百	十	万	千	百	十	元	角	分	千	百	十	万	千	百	十	元	角	分	
合　计																							

附件　张

会计主管：　　记账：　　审核：　　制单：

转账凭证

年　月　日　　　　转字　　号

摘要	总账科目	明细科目	借方金额										贷方金额										记账
			千	百	十	万	千	百	十	元	角	分	千	百	十	万	千	百	十	元	角	分	
合计																							

附件　张

会计主管：　　记账：　　审核：　　制单：

转账凭证

年　月　日　　　　转字　　号

摘要	总账科目	明细科目	借方金额										贷方金额										记账
			千	百	十	万	千	百	十	元	角	分	千	百	十	万	千	百	十	元	角	分	
合计																							

附件　张

会计主管：　　记账：　　审核：　　制单：

转　账　凭　证

年　　月　　日　　　　　　　　转字　　　号

摘　要	总账科目	明细科目	借方金额										贷方金额										记账
			千	百	十	万	千	百	十	元	角	分	千	百	十	万	千	百	十	元	角	分	
合　计																							

附件　　张

会计主管：　　　　记账：　　　　审核：　　　　制单：

转　账　凭　证

年　　月　　日　　　　　　　　转字　　　号

摘　要	总账科目	明细科目	借方金额										贷方金额										记账
			千	百	十	万	千	百	十	元	角	分	千	百	十	万	千	百	十	元	角	分	
合　计																							

附件　　张

会计主管：　　　　记账：　　　　审核：　　　　制单：

转　账　凭　证

年　月　日　　　　　　转字　号

摘　要	总账科目	明细科目	借方金额										贷方金额										记账
			千	百	十	万	千	百	十	元	角	分	千	百	十	万	千	百	十	元	角	分	
合　计																							

附件　张

会计主管：　　记账：　　审核：　　制单：

转　账　凭　证

年　月　日　　　　　　转字　号

摘　要	总账科目	明细科目	借方金额										贷方金额										记账
			千	百	十	万	千	百	十	元	角	分	千	百	十	万	千	百	十	元	角	分	
合　计																							

附件　张

会计主管：　　记账：　　审核：　　制单：

转　账　凭　证

年　　月　　日　　　　　　　　转字　　　号

摘要	总账科目	明细科目	借方金额										贷方金额										记账
			千	百	十	万	千	百	十	元	角	分	千	百	十	万	千	百	十	元	角	分	
合　计																							

附件　　张

会计主管：　　　　记账：　　　　审核：　　　　制单：

转　账　凭　证

年　　月　　日　　　　　　　　转字　　　号

摘要	总账科目	明细科目	借方金额										贷方金额										记账
			千	百	十	万	千	百	十	元	角	分	千	百	十	万	千	百	十	元	角	分	
合　计																							

附件　　张

会计主管：　　　　记账：　　　　审核：　　　　制单：

(二) 明细分类账(成本费用类)

1. 制造费用明细账

制造费用明细分类账

总第____页 页次____页

明细科目 基本生产车间

年		凭证号数	摘要	借方发生额	明细项目					
月	日			千百十万千百十元角分	物料消耗 千百十万千百十元角分	管理人员薪酬费 千百十万千百十元角分	水电费 千百十万千百十元角分	折旧费 千百十万千百十元角分	劳保费 千百十万千百十元角分	其他 千百十万千百十元角分

2. 辅助生产成本明细账

辅助生产成本明细分类账

总第______页次______页

明细科目 运输队

年		凭证号数	摘要	借方发生额										明细项目																																																													
月	日													材料费										人工薪酬费										水电费										折旧费										劳保费										其他									
				千	百	十	万	千	百	十	元	角	分	千	百	十	万	千	百	十	元	角	分	千	百	十	万	千	百	十	元	角	分	千	百	十	万	千	百	十	元	角	分	千	百	十	万	千	百	十	元	角	分	千	百	十	万	千	百	十	元	角	分	千	百	十	万	千	百	十	元	角	分

3. 基本生产成本明细账

基本生产成本明细分类账

总第______页次______页

明细科目20201125批号

年		凭证号数	摘要	借方发生额										明细项目																																																	
														直接材料										自制半成品										直接人工										制造费用																													
月	日			千	百	十	万	千	百	十	元	角	分	千	百	十	万	千	百	十	元	角	分	千	百	十	万	千	百	十	元	角	分	千	百	十	万	千	百	十	元	角	分	千	百	十	万	千	百	十	元	角	分	千	百	十	万	千	百	十	元	角	分	千	百	十	万	千	百	十	元	角	分

基本生产成本明细分类账

总第______页次______页

明细科目20201130批号

年		凭证号数	摘要	借方发生额										明细项目																																																									
														直接材料										自制半成品										直接人工										制造费用																													
月	日			千	百	十	万	千	百	十	元	角	分	千	百	十	万	千	百	十	元	角	分	千	百	十	万	千	百	十	元	角	分	千	百	十	万	千	百	十	元	角	分	千	百	十	万	千	百	十	元	角	分	千	百	十	万	千	百	十	元	角	分	千	百	十	万	千	百	十	元	角	分

基本生产成本明细分类账

总第____页次____页

明细科目20201203批号

年		凭证号数	摘要	借方发生额										明细项目																																																									
														直接材料										自制半成品										直接人工										制造费用																													
月	日			千	百	十	万	千	百	十	元	角	分	千	百	十	万	千	百	十	元	角	分	千	百	十	万	千	百	十	元	角	分	千	百	十	万	千	百	十	元	角	分	千	百	十	万	千	百	十	元	角	分	千	百	十	万	千	百	十	元	角	分	千	百	十	万	千	百	十	元	角	分

基本生产成本明细分类账

总第______页次______页

明细科目20201215批号

年		凭证号数	摘要	借方发生额	明细项目					
					直接材料	自制半成品	直接人工	制造费用		
月	日			千百十万千百十元角分	千百十万千百十元角分	千百十万千百十元角分	千百十万千百十元角分	千百十万千百十元角分	千百十万千百十元角分	千百十万千百十元角分

4. 管理费用明细账(简)

管理费用明细分类账（简）

总第______页次______页

年		凭证号数	摘要	借方发生额										明细项目																																																											
														材料费										薪酬费										水电费										折旧费										保险费										其他									
月	日			千	百	十	万	千	百	十	元	角	分	千	百	十	万	千	百	十	元	角	分	千	百	十	万	千	百	十	元	角	分	千	百	十	万	千	百	十	元	角	分	千	百	十	万	千	百	十	元	角	分	千	百	十	万	千	百	十	元	角	分	千	百	十	万	千	百	十	元	角	分

5. 销售费用明细账(简)

总第____页次____页

销售费用明细分类账（简）

年		凭证号数	摘要	借方发生额	明细项目					
月	日				材料费	薪酬费	水电费	折旧费	保险费	其他
				千百十万千百十元角分	千百十万千百十元角分	千百十万千百十元角分	千百十万千百十元角分	千百十万千百十元角分	千百十万千百十元角分	千百十万千百十元角分

(三) 成本报表

表 5-4

全部产品成本表

编制企业：　　　　　　　　　　　　年　　月

产品名称	计量单位	实际产量		单位成本				本月总成本			本年累计总成本		
		本月	本年累计	上年实际平均	本年计划	本月实际	本年累计实际平均	按上年实际平均成本计算	按本年计划单位成本计算	本月实际	按上年实际平均成本计算	按本年计划单位成本计算	本年实际
可比产品合计													
其中 1：													
2：													
不可比产品合计													
其中 1：													
2：													
全部产品生产成本													

会计主管：　　　　　　　　复核：　　　　　　　　制表：

表 5-5

主要产品单位成本表

编制企业：　　　　　　　　　　　　年　　月

产品名称		实际产量			
规格型号		本年累计实际产量			
计量单位		销售单价			
成本项目	历史先进水平	上年实际平均	本年计划	本月实际	本年实际平均
直接材料					
直接人工					
制造费用					
产品成本合计					
主要技术经济指标	耗用量	耗用量	耗用量	耗用量	耗用量
1					
2					
3					

会计主管：　　　　　　　　复核：　　　　　　　　制表：

表 5-6

主要产品单位成本表

编制企业：　　　　　　　　　　　　　　年　　月

产品名称		实际产量			
规格型号		本年累计实际产量			
计量单位		销售单价			
成本项目	历史先进水平	上年实际平均	本年计划	本月实际	本年实际平均
直接材料					
直接人工					
制造费用					
产品成本合计					
主要技术经济指标	耗用量	耗用量	耗用量	耗用量	耗用量
1					
2					
3					

会计主管：　　　　　　　　复核：　　　　　　　　制表：

三、分步法所需的凭证与账簿

（一）记账凭证

付　款　凭　证

年　月　日　　　　　字　号

摘　要	总账科目	明细科目	借方金额										贷方金额										记账
			千	百	十	万	千	百	十	元	角	分	千	百	十	万	千	百	十	元	角	分	
合　计																							

附件　张

会计主管：　记账：　审核：　制单：

付　款　凭　证

年　月　日　　　　　字　号

摘　要	总账科目	明细科目	借方金额										贷方金额										记账
			千	百	十	万	千	百	十	元	角	分	千	百	十	万	千	百	十	元	角	分	
合　计																							

附件　张

会计主管：　记账：　审核：　制单：

付　款　凭　证

年　月　日　　　　　字　号

摘　要	总账科目	明细科目	借方金额										贷方金额										记账
			千	百	十	万	千	百	十	元	角	分	千	百	十	万	千	百	十	元	角	分	
合　计																							

附件　张

会计主管：　　记账：　　审核：　　制单：

付　款　凭　证

年　月　日　　　　　字　号

摘　要	总账科目	明细科目	借方金额										贷方金额										记账
			千	百	十	万	千	百	十	元	角	分	千	百	十	万	千	百	十	元	角	分	
合　计																							

附件　张

会计主管：　　记账：　　审核：　　制单：

付　款　凭　证

年　月　日　　　　字　号

摘　要	总账科目	明细科目	借方金额										贷方金额										记账
			千	百	十	万	千	百	十	元	角	分	千	百	十	万	千	百	十	元	角	分	
合　计																							

附件　张

会计主管：　　记账：　　审核：　　制单：

付　款　凭　证

年　月　日　　　　字　号

摘　要	总账科目	明细科目	借方金额										贷方金额										记账
			千	百	十	万	千	百	十	元	角	分	千	百	十	万	千	百	十	元	角	分	
合　计																							

附件　张

会计主管：　　记账：　　审核：　　制单：

付　款　凭　证

年　月　日　　　　字　号

摘要	总账科目	明细科目	借方金额										贷方金额										记账
			千	百	十	万	千	百	十	元	角	分	千	百	十	万	千	百	十	元	角	分	
合计																							

附件　张

会计主管：　　记账：　　审核：　　制单：

付　款　凭　证

年　月　日　　　　字　号

摘要	总账科目	明细科目	借方金额										贷方金额										记账
			千	百	十	万	千	百	十	元	角	分	千	百	十	万	千	百	十	元	角	分	
合计																							

附件　张

会计主管：　　记账：　　审核：　　制单：

付　款　凭　证

年　月　日　　　　字　号

摘　要	总账科目	明细科目	借方金额										贷方金额										记账
			千	百	十	万	千	百	十	元	角	分	千	百	十	万	千	百	十	元	角	分	
合　计																							

附件　张

会计主管：　记账：　审核：　制单：

付　款　凭　证

年　月　日　　　　字　号

摘　要	总账科目	明细科目	借方金额										贷方金额										记账
			千	百	十	万	千	百	十	元	角	分	千	百	十	万	千	百	十	元	角	分	
合　计																							

附件　张

会计主管：　记账：　审核：　制单：

转　账　凭　证

年　　月　　日　　　　　　　　转字　　号

摘　要	总账科目	明细科目	借方金额										贷方金额										记账
			千	百	十	万	千	百	十	元	角	分	千	百	十	万	千	百	十	元	角	分	
合　计																							

附件　　张

会计主管：　　记账：　　审核：　　制单：

转　账　凭　证

年　　月　　日　　　　　　　　转字　　号

摘　要	总账科目	明细科目	借方金额										贷方金额										记账
			千	百	十	万	千	百	十	元	角	分	千	百	十	万	千	百	十	元	角	分	
合　计																							

附件　　张

会计主管：　　记账：　　审核：　　制单：

转 账 凭 证

年　月　日　　　　转字　号

摘　要	总账科目	明细科目	借方金额										贷方金额										记账
			千	百	十	万	千	百	十	元	角	分	千	百	十	万	千	百	十	元	角	分	
合　计																							

附件　张

会计主管：　　记账：　　审核：　　制单：

转 账 凭 证

年　月　日　　　　转字　号

摘　要	总账科目	明细科目	借方金额										贷方金额										记账
			千	百	十	万	千	百	十	元	角	分	千	百	十	万	千	百	十	元	角	分	
合　计																							

附件　张

会计主管：　　记账：　　审核：　　制单：

转　账　凭　证

年　　月　　日　　　　　　　　转字　　号

摘　要	总账科目	明细科目	借方金额										贷方金额										记账
			千	百	十	万	千	百	十	元	角	分	千	百	十	万	千	百	十	元	角	分	
合　计																							

附件　　张

会计主管：　　　　记账：　　　　审核：　　　　制单：

转　账　凭　证

年　　月　　日　　　　　　　　转字　　号

摘　要	总账科目	明细科目	借方金额										贷方金额										记账
			千	百	十	万	千	百	十	元	角	分	千	百	十	万	千	百	十	元	角	分	
合　计																							

附件　　张

会计主管：　　　　记账：　　　　审核：　　　　制单：

转　账　凭　证

年　月　日　　　　转字　号

摘要	总账科目	明细科目	借方金额										贷方金额										记账
			千	百	十	万	千	百	十	元	角	分	千	百	十	万	千	百	十	元	角	分	
合计																							

附件　张

会计主管：　　记账：　　审核：　　制单：

转　账　凭　证

年　月　日　　　　转字　号

摘要	总账科目	明细科目	借方金额										贷方金额										记账
			千	百	十	万	千	百	十	元	角	分	千	百	十	万	千	百	十	元	角	分	
合计																							

附件　张

会计主管：　　记账：　　审核：　　制单：

转 账 凭 证

年 月 日 转字 号

摘要	总账科目	明细科目	借方金额										贷方金额										记账
			千	百	十	万	千	百	十	元	角	分	千	百	十	万	千	百	十	元	角	分	
合计																							

附件 张

会计主管： 记账： 审核： 制单：

转 账 凭 证

年 月 日 转字 号

摘要	总账科目	明细科目	借方金额										贷方金额										记账
			千	百	十	万	千	百	十	元	角	分	千	百	十	万	千	百	十	元	角	分	
合计																							

附件 张

会计主管： 记账： 审核： 制单：

转　账　凭　证

年　月　日　　　　转字　号

摘要	总账科目	明细科目	借方金额										贷方金额										记账
			千	百	十	万	千	百	十	元	角	分	千	百	十	万	千	百	十	元	角	分	
合计																							

附件　张

会计主管：　记账：　审核：　制单：

转　账　凭　证

年　月　日　　　　转字　号

摘要	总账科目	明细科目	借方金额										贷方金额										记账
			千	百	十	万	千	百	十	元	角	分	千	百	十	万	千	百	十	元	角	分	
合计																							

附件　张

会计主管：　记账：　审核：　制单：

转 账 凭 证

年 月 日　　　　　　转字　号

摘 要	总账科目	明细科目	借方金额										贷方金额										记账
			千	百	十	万	千	百	十	元	角	分	千	百	十	万	千	百	十	元	角	分	
合 计																							

附件　张

会计主管：　　记账：　　审核：　　制单：

转 账 凭 证

年 月 日　　　　　　转字　号

摘 要	总账科目	明细科目	借方金额										贷方金额										记账
			千	百	十	万	千	百	十	元	角	分	千	百	十	万	千	百	十	元	角	分	
合 计																							

附件　张

会计主管：　　记账：　　审核：　　制单：

转账凭证

年 月 日 转字 号

摘要	总账科目	明细科目	借方金额										贷方金额										记账
			千	百	十	万	千	百	十	元	角	分	千	百	十	万	千	百	十	元	角	分	
合计																							

附件 张

会计主管： 记账： 审核： 制单：

转账凭证

年 月 日 转字 号

摘要	总账科目	明细科目	借方金额										贷方金额										记账
			千	百	十	万	千	百	十	元	角	分	千	百	十	万	千	百	十	元	角	分	
合计																							

附件 张

会计主管： 记账： 审核： 制单：

转　账　凭　证

年　　月　　日　　　　　　　　转字　　号

摘　要	总账科目	明细科目	借方金额										贷方金额										记账
			千	百	十	万	千	百	十	元	角	分	千	百	十	万	千	百	十	元	角	分	
合　计																							

附件　　张

会计主管：　　　　记账：　　　　审核：　　　　制单：

转　账　凭　证

年　　月　　日　　　　　　　　转字　　号

摘　要	总账科目	明细科目	借方金额										贷方金额										记账
			千	百	十	万	千	百	十	元	角	分	千	百	十	万	千	百	十	元	角	分	
合　计																							

附件　　张

会计主管：　　　　记账：　　　　审核：　　　　制单：

转账凭证

年　月　日　　　　转字　号

摘要	总账科目	明细科目	借方金额										贷方金额										记账
			千	百	十	万	千	百	十	元	角	分	千	百	十	万	千	百	十	元	角	分	
合计																							

附件　张

会计主管：　　记账：　　审核：　　制单：

转账凭证

年　月　日　　　　转字　号

摘要	总账科目	明细科目	借方金额										贷方金额										记账
			千	百	十	万	千	百	十	元	角	分	千	百	十	万	千	百	十	元	角	分	
合计																							

附件　张

会计主管：　　记账：　　审核：　　制单：

转 账 凭 证

年 月 日 转字 号

摘 要	总账科目	明细科目	借 方 金 额										贷 方 金 额										记账
			千	百	十	万	千	百	十	元	角	分	千	百	十	万	千	百	十	元	角	分	
合 计																							

附件 张

会计主管： 记账： 审核： 制单：

转 账 凭 证

年 月 日 转字 号

摘 要	总账科目	明细科目	借 方 金 额										贷 方 金 额										记账
			千	百	十	万	千	百	十	元	角	分	千	百	十	万	千	百	十	元	角	分	
合 计																							

附件 张

会计主管： 记账： 审核： 制单：

转　账　凭　证

年　月　日　　　　转字　　号

摘要	总账科目	明细科目	借方金额										贷方金额										记账
			千	百	十	万	千	百	十	元	角	分	千	百	十	万	千	百	十	元	角	分	
合计																							

附件　张

会计主管：　　记账：　　审核：　　制单：

转　账　凭　证

年　月　日　　　　转字　　号

摘要	总账科目	明细科目	借方金额										贷方金额										记账
			千	百	十	万	千	百	十	元	角	分	千	百	十	万	千	百	十	元	角	分	
合计																							

附件　张

会计主管：　　记账：　　审核：　　制单：

转 账 凭 证

年 月 日 转字 号

摘 要	总账科目	明细科目	借方金额										贷方金额										记账
			千	百	十	万	千	百	十	元	角	分	千	百	十	万	千	百	十	元	角	分	
合 计																							

附件 张

会计主管： 记账： 审核： 制单：

转 账 凭 证

年 月 日 转字 号

摘 要	总账科目	明细科目	借方金额										贷方金额										记账
			千	百	十	万	千	百	十	元	角	分	千	百	十	万	千	百	十	元	角	分	
合 计																							

附件 张

会计主管： 记账： 审核： 制单：

转　账　凭　证

年　月　日　　　　转字　　号

摘要	总账科目	明细科目	借方金额										贷方金额										记账
			千	百	十	万	千	百	十	元	角	分	千	百	十	万	千	百	十	元	角	分	
合计																							

附件　张

会计主管：　　记账：　　审核：　　制单：

转　账　凭　证

年　月　日　　　　转字　　号

摘要	总账科目	明细科目	借方金额										贷方金额										记账
			千	百	十	万	千	百	十	元	角	分	千	百	十	万	千	百	十	元	角	分	
合计																							

附件　张

会计主管：　　记账：　　审核：　　制单：

转 账 凭 证

年 月 日 转字 号

摘 要	总账科目	明细科目	借 方 金 额										贷 方 金 额										记账
			千	百	十	万	千	百	十	元	角	分	千	百	十	万	千	百	十	元	角	分	
合 计																							

附件 张

会计主管： 记账： 审核： 制单：

转 账 凭 证

年 月 日 转字 号

摘 要	总账科目	明细科目	借 方 金 额										贷 方 金 额										记账
			千	百	十	万	千	百	十	元	角	分	千	百	十	万	千	百	十	元	角	分	
合 计																							

附件 张

会计主管： 记账： 审核： 制单：

转　账　凭　证

年　月　日　　　　　　转字　　号

摘要	总账科目	明细科目	借方金额										贷方金额										记账
			千	百	十	万	千	百	十	元	角	分	千	百	十	万	千	百	十	元	角	分	
合计																							

附件　张

会计主管：　　记账：　　审核：　　制单：

转　账　凭　证

年　月　日　　　　　　转字　　号

摘要	总账科目	明细科目	借方金额										贷方金额										记账
			千	百	十	万	千	百	十	元	角	分	千	百	十	万	千	百	十	元	角	分	
合计																							

附件　张

会计主管：　　记账：　　审核：　　制单：

转　账　凭　证

年　月　日　　　　转字　　号

摘要	总账科目	明细科目	借方金额										贷方金额										记账
			千	百	十	万	千	百	十	元	角	分	千	百	十	万	千	百	十	元	角	分	
合计																							

附件　张

会计主管：　　记账：　　审核：　　制单：

转　账　凭　证

年　月　日　　　　转字　　号

摘要	总账科目	明细科目	借方金额										贷方金额										记账
			千	百	十	万	千	百	十	元	角	分	千	百	十	万	千	百	十	元	角	分	
合计																							

附件　张

会计主管：　　记账：　　审核：　　制单：

转 账 凭 证

年 月 日　　　　转字 号

摘要	总账科目	明细科目	借方金额										贷方金额										记账
			千	百	十	万	千	百	十	元	角	分	千	百	十	万	千	百	十	元	角	分	
合计																							

附件 张

会计主管：　　记账：　　审核：　　制单：

转 账 凭 证

年 月 日　　　　转字 号

摘要	总账科目	明细科目	借方金额										贷方金额										记账
			千	百	十	万	千	百	十	元	角	分	千	百	十	万	千	百	十	元	角	分	
合计																							

附件 张

会计主管：　　记账：　　审核：　　制单：

转 账 凭 证

年 月 日 转字 号

摘要	总账科目	明细科目	借方金额										贷方金额										记账
			千	百	十	万	千	百	十	元	角	分	千	百	十	万	千	百	十	元	角	分	
合计																							

附件 张

会计主管： 记账： 审核： 制单：

转 账 凭 证

年 月 日 转字 号

摘要	总账科目	明细科目	借方金额										贷方金额										记账
			千	百	十	万	千	百	十	元	角	分	千	百	十	万	千	百	十	元	角	分	
合计																							

附件 张

会计主管： 记账： 审核： 制单：

转　账　凭　证

年　月　日　　　　　　　　转字　　号

摘　要	总账科目	明细科目	借方金额										贷方金额										记账
			千	百	十	万	千	百	十	元	角	分	千	百	十	万	千	百	十	元	角	分	
合　计																							

附件　张

会计主管：　　记账：　　审核：　　制单：

转　账　凭　证

年　月　日　　　　　　　　转字　　号

摘　要	总账科目	明细科目	借方金额										贷方金额										记账
			千	百	十	万	千	百	十	元	角	分	千	百	十	万	千	百	十	元	角	分	
合　计																							

附件　张

会计主管：　　记账：　　审核：　　制单：

(二) 明细分类账(成本费用类)

1. 制造费用明细账

制造费用明细分类账

总第____页 页次____页

明细科目 裁剪车间

年 月	日	凭证号数	摘要	借方发生额 (千百十万千百十元角分)	明细项目：物料消耗 (千百十万千百十元角分)	管理人员薪酬费 (千百十万千百十元角分)	水电费 (千百十万千百十元角分)	折旧费 (千百十万千百十元角分)	劳保费 (千百十万千百十元角分)	其他 (千百十万千百十元角分)

制造费用明细分类账

总第______页次______页

明细科目____缝纫车间

年		凭证号数	摘要	借方发生额										明细项目																																																											
														物料消耗										管理人员薪酬费										水电费										折旧费										劳保费										其他									
月	日			千	百	十	万	千	百	十	元	角	分	千	百	十	万	千	百	十	元	角	分	千	百	十	万	千	百	十	元	角	分	千	百	十	万	千	百	十	元	角	分	千	百	十	万	千	百	十	元	角	分	千	百	十	万	千	百	十	元	角	分	千	百	十	万	千	百	十	元	角	分

制造费用明细分类账

总第＿＿＿页次＿＿＿页

明细科目＿成衣车间＿

年		凭证号数	摘要	借方发生额										明细项目																																																									
														物料消耗										管理人员薪酬费										水电费										折旧费										劳保费										其他									
月	日			千	百	十	万	千	百	十	元	角	分	千	百	十	万	千	百	十	元	角	分	千	百	十	万	千	百	十	元	角	分	千	百	十	万	千	百	十	元	角	分	千	百	十	万	千	百	十	元	角	分	千	百	十	万	千	百	十	元	角	分	千	百	十	万	千	百	十	元	角	分

2. 辅助生产成本明细账

辅助生产成本明细分类账

总第____页 页次____

明细科目 机修车间

年		凭证号数	摘要	借方发生额	明细项目					
月	日				材料费	人工薪酬费	水电费	折旧费	劳保费	其他
				千百十万千百十元角分	千百十万千百十元角分	千百十万千百十元角分	千百十万千百十元角分	千百十万千百十元角分	千百十万千百十元角分	千百十万千百十元角分

辅助生产成本明细分类账

总第______页次______页

明细科目____运输队

年		凭证号数	摘要	借方发生额										明细项目																																																													
														材料费										人工薪酬费										水电费										折旧费										劳保费										其他									
月	日			千	百	十	万	千	百	十	元	角	分	千	百	十	万	千	百	十	元	角	分	千	百	十	万	千	百	十	元	角	分	千	百	十	万	千	百	十	元	角	分	千	百	十	万	千	百	十	元	角	分	千	百	十	万	千	百	十	元	角	分	千	百	十	万	千	百	十	元	角	分

3. 基本生产成本明细账

基本生产成本明细分类账

总第____页次____页

二级科目 裁剪车间

明细科目 普通背心

年		凭证号数	摘要	借方发生额	明细项目					
					直接材料	自制半成品	直接人工	制造费用		
月	日			千百十万千百十元角分	千百十万千百十元角分	千百十万千百十元角分	千百十万千百十元角分	千百十万千百十元角分	千百十万千百十元角分	千百十万千百十元角分

基本生产成本明细分类账

总第______页次______页

二级科目____裁剪车间

明细科目____精品背心

年		凭证号数	摘要	借方发生额										明细项目																																																									
														直接材料										自制半成品										直接人工										制造费用																													
月	日			千	百	十	万	千	百	十	元	角	分	千	百	十	万	千	百	十	元	角	分	千	百	十	万	千	百	十	元	角	分	千	百	十	万	千	百	十	元	角	分	千	百	十	万	千	百	十	元	角	分	千	百	十	万	千	百	十	元	角	分	千	百	十	万	千	百	十	元	角	分

基本生产成本明细分类账

总第______页次______页

二级科目 缝纫车间

明细科目 普通背心

年		凭证号数	摘要	借方发生额										明细项目																																																					
月	日													直接材料										自制半成品										直接人工										制造费用																													
				千	百	十	万	千	百	十	元	角	分	千	百	十	万	千	百	十	元	角	分	千	百	十	万	千	百	十	元	角	分	千	百	十	万	千	百	十	元	角	分	千	百	十	万	千	百	十	元	角	分	千	百	十	万	千	百	十	元	角	分	千	百	十	万	千	百	十	元	角	分

基本生产成本明细分类账

总第______页次______页

二级科目____缝纫车间

明细科目____精品背心

年		凭证号数	摘要	借方发生额	明细项目					
					直接材料	自制半成品	直接人工	制造费用		
月	日			千百十万千百十元角分	千百十万千百十元角分	千百十万千百十元角分	千百十万千百十元角分	千百十万千百十元角分	千百十万千百十元角分	千百十万千百十元角分

基本生产成本明细分类账

总第＿＿＿页次＿＿＿页

二级科目 成衣车间

明细科目 普通背心

年		凭证号数	摘要	借方发生额	明细项目					
					直接材料	自制半成品	直接人工	制造费用		
月	日			千百十万千百十元角分	千百十万千百十元角分	千百十万千百十元角分	千百十万千百十元角分	千百十万千百十元角分	千百十万千百十元角分	千百十万千百十元角分

基本生产成本明细分类账

总第______页次______页

二级科目____成衣车间

明细科目____精品背心

年		凭证号数	摘要	借方发生额										明细项目																																																	
														直接材料										自制半成品										直接人工										制造费用																													
月	日			千	百	十	万	千	百	十	元	角	分	千	百	十	万	千	百	十	元	角	分	千	百	十	万	千	百	十	元	角	分	千	百	十	万	千	百	十	元	角	分	千	百	十	万	千	百	十	元	角	分	千	百	十	万	千	百	十	元	角	分	千	百	十	万	千	百	十	元	角	分

4．管理费用明细账（简）

总第______页次______页

管理费用明细分类账（简）

年		凭证号数	摘要	借方发生额										明细项目																																																											
														材料费										薪酬费										水电费										折旧费										保险费										其他									
月	日			千	百	十	万	千	百	十	元	角	分	千	百	十	万	千	百	十	元	角	分	千	百	十	万	千	百	十	元	角	分	千	百	十	万	千	百	十	元	角	分	千	百	十	万	千	百	十	元	角	分	千	百	十	万	千	百	十	元	角	分	千	百	十	万	千	百	十	元	角	分

5. 销售费用明细账(简)

销售费用明细分类账(简)

总第______页次______页

年		凭证号数	摘要	借方发生额										明细项目																																																									
														材料费										薪酬费										水电费										折旧费										保险费										其他									
月	日			千	百	十	万	千	百	十	元	角	分	千	百	十	万	千	百	十	元	角	分	千	百	十	万	千	百	十	元	角	分	千	百	十	万	千	百	十	元	角	分	千	百	十	万	千	百	十	元	角	分	千	百	十	万	千	百	十	元	角	分	千	百	十	万	千	百	十	元	角	分

6. 自制半成品明细账

自制半成品明细账

总第____页 分第____页

二级科目编号及名称 半成品普通背心

年		凭证		摘要	借方												贷方												结存											
					数量	单价	金额										数量	单价	金额										数量	单价	金额									
月	日	种类	号数				千	百	十	万	千	百	十	元	角	分			千	百	十	万	千	百	十	元	角	分			千	百	十	万	千	百	十	元	角	分

自制半成品明细账

总第____页 分第____页

二级科目编号及名称 半成品精品背心

年		凭证		摘要	借方												贷方												结存											
					数量	单价	金额										数量	单价	金额										数量	单价	金额									
月	日	种类	号数				千	百	十	万	千	百	十	元	角	分			千	百	十	万	千	百	十	元	角	分			千	百	十	万	千	百	十	元	角	分

（三）成本还原表格

表 5-7

产品成本还原计算表

产品名称：　　　　2020 年 12 月

序号	项目	分配率	成本项目					
			半成品裁片	半成品背心	直接材料	直接人工	制造费用	合计
第一次成本还原	还原前完工产品总成本							
	本月所产完工半成品背心成本							
	半成品成本还原							
	还原后完工产品总成本							
第二次成本还原	本月所产完工半成品裁片成本							
	半成品成本还原							
	还原后完工产品总成本							

审核：　　　　制表：

表 5-8

产品成本还原计算表

产品名称：　　　　2020 年 12 月

序号	项目	分配率	成本项目					
			半成品裁片	半成品背心	直接材料	直接人工	制造费用	合计
第一次成本还原	还原前完工产品总成本							
	本月所产完工半成品背心成本							
	半成品成本还原							
	还原后完工产品总成本							
第二次成本还原	本月所产完工半成品裁片成本							
	半成品成本还原							
	还原后完工产品总成本							

审核：　　　　制表：

（四）成本报表

表 5-9

全部产品成本表

编制企业：　　　　　　　　　　　　年　　月

产品名称	计量单位	实际产量		单位成本				本月总成本			本年累计总成本		
		本月	本年累计	上年实际平均	本年计划	本月实际	本年累计实际平均	按上年实际平均成本计算	按本年计划单位成本计算	本月实际	按上年实际平均成本计算	按本年计划单位成本计算	本年实际
可比产品合计													
其中 1：													
2：													
不可比产品合计													
其中 1：													
2：													
全部产品生产成本													

会计主管：　　　　　　　　复核：　　　　　　　　制表：

表 5-10

主要产品单位成本表

编制企业：　　　　　　　　　　　　年　　月

产品名称		实际产量		
规格型号		本年累计实际产量		
计量单位		销售单价		
成本项目	历史先进水平	上年实际平均	本年计划	本月实际	本年实际平均
直接材料					
直接人工					
制造费用					
产品成本合计					
主要技术经济指标	耗用量	耗用量	耗用量	耗用量	耗用量
1					
2					
3					

会计主管：　　　　　　　　复核：　　　　　　　　制表：

表 5-11

主要产品单位成本表

编制企业：　　　　　　　　　　　　　　年　　月

产品名称		实际产量			
规格型号		本年累计实际产量			
计量单位		销售单价			
成本项目	历史先进水平	上年实际平均	本年计划	本月实际	本年实际平均
直接材料					
直接人工					
制造费用					
产品成本合计					
主要技术经济指标	耗用量	耗用量	耗用量	耗用量	耗用量
1					
2					
3					

会计主管：　　　　　　　　复核：　　　　　　　　制表：